U0549804

生命，因**閱讀**而**大好**

李起周（이기주）著
黃莞婷 譯

61個解憂之語，找回平靜，活出更安然的自己

那些接住你的，不被生活擊倒的詞彙

你平時
所聽說讀寫的
常用詞彙
或能保護你
免於塵世的喧囂

一本書是由數十萬字組成的森林，
與其匆匆讀完，願你能像清晨漫步在寧靜的公園一樣，
細細品味這片名為「詞彙」的森林。

致臺灣讀者：

臺灣與韓國在各方面都有許多相似之處，尤其是經濟、社會、文化環境的變化，比任何國家都來得快速這一點，更是如此。在這個爭分奪秒的社會中，個體要適應變化並堅守自我，並不像說的那般輕而易舉。社會中各種不協調的聲音總會悄然侵入內心，打亂原有的生活節奏，我們該如何找回並維持自己的日常節奏呢？偶爾放慢步伐，以自己的速度去感受和回應這個世界，或許是必要的。衷心期盼你在本書的文字之路一頁一頁翻閱、漫步之時，也能將生活的步伐稍作停歇，重新找回心靈的節奏。在此，我由衷感謝每一位翻開本書的臺灣讀者。

李起周
於韓國

CONTENTS

01
CHAPTER

最平凡的也是最崇高的

目錄

02 CHAPTER
任何事物都不只有單一面向

03
CHAPTER

少痛一點的人擁抱更痛一點的人

04
CHAPTER

知淺則自滿，知深則存惑

05 CHAPTER 沒有把柄的刀是危險的

06
CHAPTER

每個人都背負不同的生活重擔

也許我們，正是由常用的詞彙所構成的

在我開始寫這本書的時候，奶奶離開了人世。因為她生前喜歡照料花草，所以我們選擇了樹葬，將她火化後的骨灰埋在樹下。

奶奶生前常打電話說：「起周，週末要是有空就回來吃飯吧，奶奶做你喜歡吃的菜。」電話那頭傳來的溫暖聲音，如同回聲般留下了深深的餘韻，至今仍縈繞我耳畔。

當我深切想念某人時，我會追尋那人留下的言語和文字痕

跡。因為從那人唇間溢出的每一個聲音，以及從那人指尖書寫的每一個字裡，不僅包含了他的思想和情感，還蘊含著他生命的氣息。

一個人的身分認同與他常用的詞彙不無關係。也許我們的情感和思維，正是由我們常用的詞彙所構成的。

正因如此，有時在親密的人面前不經修飾脫口而出的話語，最能真實地展露內心樣貌；有時在社群媒體發出的隻字片語，能勾勒出生活的喜怒哀樂；有時在日記本角落隨手寫下的陌生詞語，會成為人生的指引。每個詞彙都有其意義，我們經常閱讀、書寫和想起的詞彙，映射出各自的生活樣貌。

經由我們的口和手傳播到世界上的無數詞彙，不會無聲無息地消失在時光中。

因為這些源自內心的詞彙，會在心中沉澱、在腦海中銘刻，與我們的生活緊密交織。某天，它們會如同魔法般甦醒，成為保護我們免受喧囂世界侵擾的屏障。

生活中，有時新的、陌生的事物如堆積的塵土般覆蓋我們的日常；而我們熟悉的事物，有時會被歲月的風無情侵蝕。新事物和熟悉的事物都能為生活增添色彩，但真正支撐日常的，大概還是後者吧。陌生的事物雖能讓我們內心澎湃，卻因尚未熟悉或不習慣，難以讓心靈得到真正的歇息。

在被生活重擔壓垮後，重新站起來的日子裡，支撐我們心靈的，正是那些已經融入生活紋理的熟悉事物。譬如在日常中不經意提及的常用詞彙，或許就是支撐我們生活的強大支柱。

願你闔上這本書的那一刻，能細細回顧那些你常用、讓你得以堅持下去的詞彙，以及蘊藏其中的生活光景。

謹以最誠摯的心，將此書獻給今日仍在努力守護心靈幸福和日常生活的你。

李起周

01

CHAPTER

最平凡的
也是最崇高的

在日常中用自己的方式守護身心，

正是生活的根本。

日常

不幸的反面

如果問韓國人過得幸福與否，回答不幸福的人遠多於回答幸福的人。

問那些說自己不幸福的人為何感到不幸福，答案會有所不同。有人說自己不幸福，是因為欲望沒有被滿足，也有人說因為與他人比較而不幸福。

無論原因為何，當不幸的風在某一天突然襲捲生活的原野時，原本平靜的心靈必然會產生裂痕。

當心靈失衡的那一刻，我們就會陷入無止境的雜念中，再也沒辦法好好享受日常生活，有時甚至連照顧自己和身邊的人都力不從心。我們會就此放棄每天的運動和散步，敷衍回應家人溫暖的早晨問候，面無表情地走出家門。

人一旦失去心靈，就可能會失去生命中的一切。

因此，當感到自己被孤單地拋進不幸之中，或腦海中的雜念突然揮之不去時，與其像別人一樣拚命追求所謂的幸福，不如先修補心靈的裂痕，重建日常。

不幸的反面不是幸福，而是日常。

平凡

渴望和其他人一樣的生活

「我在家附近的咖啡廳，四次上場打擊，三次安打，還轟出一記全壘打！」

這句話經常從那些隨身背著筆電，專注於寫作或繪畫的人口中聽見。

不受地點拘束、四處遷徙工作是數位遊牧民族的常態。尋找理想的工作場所恰如棒球選手站上打擊區，當他們特意前往某家咖啡廳，順利完成當日的稿件進度時，便會在心中的計分板上標記「安打」；若靈感乍現、文思泉湧，一氣呵成寫完文章，更堪稱一記「全壘打」。

然而，如果他們聽聞某間咖啡廳有絕佳的工作環境，興致勃勃前往後卻徒勞無功，坐在那裡苦思冥想，也寫不出幾行字，只喝了杯苦澀的咖啡就離開了——那一天就會被記作「揮棒落空」或「三振出局」。

或許有人會不解：「為什麼不乾脆去打過全壘打的咖啡廳？」這個問題沒那麼簡單。

作為一個沒有工作室的人，我堅信「思維會隨環境而改變」，而我的理想咖啡廳須符合以下條件：

1 必須播放純音樂
2 桌椅要舒適
3 要有能眺望戶外景色的落地窗

這些條件分開看很平凡，但能同時滿足三者的咖啡廳少之又少。

我偶然會發現一間符合所有條件的咖啡廳——能欣賞窗外的美景、有悠揚的音樂迴盪、能讓我從容地敲打鍵盤。但即使是平日，這樣的咖啡廳常常人滿為患，擠滿了背著電腦包的人，令我無法享受舒緩的氛圍。

太常去心愛的咖啡廳也會有其他困擾。因為一旦和老闆變熟，話匣子會比電腦更早打開，工作也就被拋在一旁了。

除此之外，還有一種情況是原本不認識我的咖啡廳老闆，某天突然笑著走來寒暄。

「請問您是李起周作家對吧？我有個問題想請教您！」

這種情況同樣令人為難。若只是簡單地閒聊日常，我自然樂意之至。但要是對方說「我有個煩惱，想請您給點建議」，並且像動畫《鞋貓劍客》裡的貓咪一樣，用閃閃發亮的眼神望著我時，那麼壓力就迎面而來了。
「我只是想在一家平凡的咖啡廳，安靜地用電腦工作罷了！話說回來，明天我該去哪家咖啡廳呢？」
那天，我為了將腦海中紛亂的思緒梳理成簡潔明瞭的句子，去了一家我鍾愛的咖啡廳。
鄰桌忽然傳來似乎是公司同事間的對話。
一人說：「我只是想像別人一樣過平凡的生活！」
另一人則皺眉回應：
「平凡？拜託，你老實說吧，你真的想要平凡嗎？還是說，其實你想要的是各方面條件略高於平均水準的生活，也就是某種程度上的穩定？」
那個說想要平凡生活的人瞬間沉默，周圍彷彿凝固在寂靜中。「平凡」二字，化為無形的重量壓在他們的心頭。正在隔壁桌敲打鍵盤的我，不由得跟著嚴肅起來。

每個人都曾仰望天空，喃喃自語：「我想要的並不是了不起的東西，只是極其平凡的生活而已……。」

「平凡」究竟代表什麼？僅僅是指「不特別」嗎？字典對「平凡」的定義是「不出色或沒有與眾不同之處」，通常與「中等」或「普通」等詞同義。然而，一旦與「生活」結合，就立刻轉化為帶有社會語境的詞彙，因為它往往隱含著「像別人一樣」的潛臺詞。

在韓國社會，多數人認知的「平凡生活」已不再單純指平淡無奇、日復一日的日子。許多人認為生活各方面都要達到一定標準，或至少不能落後太多，才能稱為「平凡生活」。

為什麼會普遍存在著這種認知呢？我想，這可能源於人類欲望的本質——我們總是追求高於「平凡」的目標。再者，現代人會通過與他人的比較來設定「平凡」的標準，藉此確認自身的社會地位。

我們常掛在嘴邊的「我只是想過著平凡的生活」，其實蘊含著不甘落於人後的競爭意識，以及不願被社會邊緣化的堅定意志。這句話不僅表達了對安穩生活的渴望，更體現出對於保持一定社會地位的強烈願望。

但是，在一個幾乎人人都為共同目標奮鬥的社會中，競爭必然異常激烈。有人達到目標，也一定有人感到挫敗。

簡言之，我們處於一個想過得和別人一樣平凡，就必須付出不平凡代價的時代。這正是平凡生活「說易行難」的原因。

愛恨

最複雜的情緒

我在電視上看到一位著名歌手的街頭表演。唱歌前，他娓娓道來自己的家庭故事，言談之間盡是對父親錯綜交織的怨恨與思念。

「我一生都恨著父親。可是在他去世後，那股怨恨卻開始轉向。再也無法見到他的事實，彷彿蓋過了我的恨意。」

存在的消逝，是否意味著連對立與衝突也將終止？他抿了幾下乾裂的嘴唇後開始歌唱，那些未能對父親說出口的話語，隨歌聲飄散在空中。他不時仰望天空，輕輕閉上雙眼。

父母與子女的關係是剪不斷理還亂，「愛恨交織」四個字難以盡述。

我也不例外。我與母親平日如摯友般無話不談，互相傾訴心事，但偶爾也會說出不該說的話，傷了彼此的感情。在那樣的日子裡，我們會沉默半日，偶有交談也僅是簡短應答。

子女成長的過程中，在情感上依賴其生命的創造者——父母。那麼，為何兩者之間會產生矛盾和對立呢？

為何許多父母會異口同聲地說，在成為父母之前，從不知道孩子是不會照自己的意思去做？

有句話說，神之所以賜予父母孩子，是要提醒他們萬事不可能都盡如人意。父母希望孩子走在他們安排的道路上，但對於一個不經自己意願來到這個世界的孩子來說，他們沒道理非要聽從父母的話。

子女對父母的話左耳進右耳出，某種程度上或許是理所當然的。

有些人相信，人的生命不只一輩子，而是經歷多次的輪迴。一個有趣又令人不寒而慄的說法是這樣的：

「前世反目成仇的戀人，也許就是今世的孩子。」

這代表子女與父母曾經熱烈相愛，最終卻帶著憎恨分離，所以才會在今生懷抱著愛恨交織的情感。

愛恨交織，正如字面上的意思，是「愛」與「恨」糾纏的關係。在這種關係中，有多愛對方，就有多深的傷害；有多依賴對方，就有多深的怨恨。

那些大聲埋怨父母的子女，他們的神情摻雜著不滿與不信任，不在乎地看著父母駝背的身影，像唸咒般喃喃自語：

「我絕不會活得像我爸媽！」

怨恨會踩踏其他情感向上攀升。
怨恨很少會輕易地沉入心底。

彼此的不滿有時會隨歲月逐漸消逝，但那些沒有釋懷的子女，不是想擺脫父母的懷抱，就是立下遠大目標，誓言走向更廣闊的世界。

他們偶爾會被幼稚的自信蒙蔽，以為只要伸手就能輕易到達彩虹般的樂園。然而，當他們長大成人，逐漸了解世界，不可避免地會面臨到一個重要的事實。

那就是——要活得像父母那樣，一點也不容易；而守護生活根基的重要性，其實不亞於邁向更廣闊的世界。

父母亦是如此。當人生的終點漸近，他們會以不同於往日的視線去審視自己和子女的人生，從而陷入遲來的悔恨。

「為什麼我把自己的夢想強加在孩子的人生中？照顧別人是體察對方的心意，我為什麼沒有看透孩子的心？」

直到閉上眼的那一刻，他們仍被愛恨的枷鎖所困……

原則

拒絕和接受的依據

漫步在首爾鐘路區的惠化洞，我不期然地走進學生時期常去的一家小型連鎖咖啡廳。雖已易主，但店內一切如昔。一股喜悅迎來，我在我的書上簽名，將它送給了新店主。

身為作家，我發現比起在節目或講座上扮演導師，講些有模有樣的內容，這些稍作停留的生活片刻，反而更讓我感到成就和感激。

生活的根基，在於彼此以各自的方式守護日常的身心。

幾年前，我決定不再參加外部活動或企業演講，只專注照顧自己的身心。

以文字謀生的人，有些人從滔滔不絕中汲取寫作靈感，也有些人習慣將話語深埋心底不說出口，等待它們沉澱為文字。

這是個人的選擇，而我似乎屬於後者。對我而言，唯有暫時封存話語、保持沉默，那些沉澱的片言隻語，才能慢慢積累成足以轉化為書的分量。

初窺作家門徑時，我幾乎來者不拒地接下所有演講邀約。一方面我認為這有助於推動書的買氣；另一方面，我由衷感激那些願意親臨現場聽我訴說的人，也認為我在臺上說的話語，或許能帶給在場的某人一絲慰藉。正是這些考量，讓我經常進行免費講座。

後來我的幾本書打出名聲，收到了更多團體或企業邀約。原以為每次走下講臺後都能感到充實且如釋重負，實則每次歸途中都縈繞著一絲若有似無的不安。

「寫作者理應把文字置於言語之上，我卻本末倒置了，這樣下去，我會不會變成看重言語更勝文字的人？況且，我分享的也不是什麼了不起的故事，一兩個小時的演講收這些錢，真的好嗎？」

每次走下講臺，一股不適感總是湧上心頭，我擔心如果繼續這樣揮霍言語，終有一日，我可能不再是個寫作者，將淪為一個一心追逐講座掌聲而出書的人。這個念頭讓我決定徹底告別講座。

原以為這個決定會讓邀約漸趨消沉，結果事情卻出乎預料。當我宣布停止一切外部活動後，「很難邀請的演講者」反而為我增添神祕光環，導致邀約如雪片般飛來。

我每次都婉拒邀約，可是一次次的拒絕難免會激發負面效應。有些被我拒絕的負責人會動用人脈關係，在暗處施壓。

面對可能引發的不利後果或人際關係的裂痕，我確實也曾動搖，但儘管如此，不再站上講臺的原則，我始終堅守。

近日，一家公關公司又發來企業演講邀約。這並非他們第一次發郵件給我，但我的回覆一如往常：

「抱歉，我最近不進行演講了，這是我個人的選擇，懇請見諒。」

在我發送這樣的郵件後，通常會收到如此回覆：「明白了，我們尊重您的立場，感謝您的回信。」

但也不乏特例。有些人會發來更懇切的回信：「不能破例一次嗎？我們會一直聯絡您，直到您點頭為止！」然而，如果我因為「破例一次」的請求而輕易動搖，原則也就不再是原則了。在這種情況下，我反而要更明確地表示拒絕。

拒絕向來不易，要不傷害對方情緒，又要明確得體地表達拒絕，說來容易做起來可不簡單。

我曾看過坊間書籍談論「輕鬆拒絕的要領」或「無愧於心地表達拒絕」等，可惜那些方法似乎未曾真正派上用場。說來慚愧，至今我仍未參透明智的拒絕之道。若我真能習得箇中奧妙，也許在推辭層出不窮的演講邀約時就不會陷入苦惱了。

但有一點是明確的：如果我接受所有邀約，尤其是演講或讀書會的邀約，照顧自己身心的時間必然會被壓縮，那些我苦心經營的生活步調也終將不可避免地被打亂。

那不僅不能讓我免受塵囂的喧擾，反而像是我主動將自己置於喧囂的漩渦中心，而那並非我所嚮往的生活。

總有些人無法理解我的心情，在初次謀面時就迫不及待地建議我參加電視節目，或試圖干涉我的生活方向。他們的建議常以「我這麼說都是為你著想」開頭，並以「請務必聽取我的建議」作結。

在參加出版界的場合時，這樣的遭遇尤其頻繁。我時常遇到熱愛指手畫腳的人，若要重現在那些場合的對話，大概是如下光景：

「李起周作家，幸會。聽說您很少接受媒體採訪，但這次您出了新書，我想邀請您進行一次對談，然後將對話整理成報導，您覺得如何？」

「很抱歉，我不接受採訪，我覺得那會讓我說出不必要的話。此外，我也不希望過度在公眾面前曝光。」

「原來如此呀！既然您擔心被人認出來，那麼您去書店或超商時，是不是也要戴上口罩、壓低帽子？」

「您說什麼？」

「哈哈，我開玩笑的。不過說真的，如果您不願接受採訪，我覺得像《偶然成為大人》（어쩌다 어른）那樣的談話節目很適合您。您的嗓音很好聽，只要上一次節目，一定會有更

多邀約上門的。聽我的，別固執己見，順應這股媒體浪潮吧，這會讓您聲名大噪。我在電視臺有人脈，要幫您牽線嗎？」

聽到這種建議時，我不是沒想過反問：「什麼？您是否分不清什麼是坦率，什麼是沒禮貌？」但理智告訴我，那麼做只會引發爭執。於是，我只能勉強露出淡淡的微笑，搖搖頭，不動聲色地迅速脫身。

「感謝記者您的好意，但我很滿意現在的生活，也無意追求名氣。」

回首我的寫作生涯，我發現自己經常收到包裝過於華麗的禮物，而每一次，我都選擇原封不動地退還。

有些禮物的美好只存在於拆開的那一刻，若直覺告訴我那份禮物並不屬於我，那麼一開始就不接受才是明智之舉。

幾本暢銷作品為我帶來些許名氣，但那是書出名，不是我出名。而我也不是那種能享受功成名就滋味的人，也無意更出名。我只想安靜寫作，即使這份工作未必能帶來耀眼的成就。

我很了解自己。今後如果再收到不適合我的提議，我一定會秉持原則婉拒。適當的拒絕能維持生活的節奏，守護內心的平衡。我將如此守護自己，堅定前行。

傷痛

人生就是在痛苦中前行

情感的重量是否能被衡量？若將喜悅與悲傷一同放置於天平上，它會傾向何方？

有些問題並無標準答案，我們只能藉由層層問題作為墊腳石，一步步走向普遍的真理和道理。關於情感，正是屬於這類問題。

讓我向正在閱讀這本書的你提個問題：

「當你與曾分享喜悅的人漸行漸遠時，內心承受的打擊較大，還是與曾分擔悲傷的人分別時，更讓你難以承受呢？」

想必多數人會選擇後者吧？即使與共享過喜悅的人疏離，生活依舊如常運轉。然而，一旦與曾在低谷中互相安慰的人斷了聯絡，內心便會泛起難以平息的波濤，或感到莫名空虛。

讓我再問另一個問題：若相同程度的喜悅與悲傷，如潮水般交替地拍打你的心房，最終會在你心中久久不散的是哪一種情緒？

或許這種問題無須多問，答案不言自明：悲傷比喜悅更為持久。喜悅難以在心中長留，而悲傷卻會牢牢地縈繞心頭，揮之不去。

大概正因如此吧！生活中那些與悲傷交織的事物，像是身心的痛楚，總是以難以承受的重量壓迫襲來。

就在新冠疫情逐漸平息、生活步調重返正軌之際，某日凌晨，母親突然呼吸急促，並且伴隨四肢劇痛和嚴重麻痺。我和母親匆忙坐上計程車，在夜色中疾馳至急診室。值班醫師進行幾項檢查後告知病因：

「這是新冠後遺症引發的急性肌肉疼痛。許多康復者在痊癒後，都可能經歷一段時間這樣的不適。」

醫生建議住院進行進一步的檢查，於是在醫護人員的精準診斷與迅速處理下，母親的病情幾天後便穩定下來。出院那天，她輕扶著我的肩膀，小心翼翼地跨出步伐，深怕失去平衡而摔倒。就在那時，她輕聲道：

「起周，那天去急診室的路上，我的四肢像被無數根針刺著，痛到想要發出聲音。但我怕你擔心，所以拚命忍住。」

「Pain」這個表示「痛苦」的英文單字源自古法語，意指靈魂墜入地獄時必經的嚴酷懲罰與無盡痛楚。

人生在世，人人都難逃身心的煎熬。生活本身就是痛苦。

也許生活就是每個人以自己的方式，在名為「痛苦」的隧道中緩緩前行。

儘管生活中的痛苦再自然不過，但並非每一處傷痛都能找到訴說的出口，總有些難以言明的傷痛，只能沉澱在心底深處，慢慢潰爛。

正因為是父母，他們無法在子女面前傾訴自己的痛苦，那些哽在喉間、最後消散於無聲中的吶喊後面，究竟隱藏著什麼？子女是否真能參透他們的沉默？

母親說自己出院後的味覺變得遲鈍，身體常感疲憊。每週往返醫院回診時，醫生坦言目前能做的，也只是稍微緩解這些症狀。每次陪伴母親前往醫院的途中，總有些聲音在我耳邊揮之不去——那天送母親前往急診室的路上，她強忍痛楚時的粗重喘息；急診室裡，其他病人和家屬緊握醫護人員的手，聲淚俱下地懇求「求求您救人一命！」的聲音。

那天目睹的畫面逐漸在記憶中褪色模糊，但當時迴盪在耳畔的聲音依然清晰。難道聽覺記住了那些視覺無法完整捕捉的瞬間嗎？

每個人心中都會有那樣的聲音。它與記憶交織，就連歲月也難以抹去，彷彿一個永遠無法逃離的空間，長存於心底。

也許，我們終其一生都注定要與那種刺痛心靈的聲音相伴而行。

當最重要的人在我身邊承受極度痛苦時，那撕心裂肺的呼喊……久久無法消逝。

心情

像薄紙一樣容易撕裂的東西

在首爾麻浦區孔德站的十字路口，我與一個低頭看手機的男人擦肩而過。我微微點頭示意，他卻皺眉瞥了我一眼，隨後又如緊盯獵物的猛獸般專注於手機，加快腳步離去。

在大眾運輸工具上或人潮匯集處不小心碰到他人時，有些人會含蓄地表達歉意。但也不乏那些毫無歉疚之心的人，他們只是冷冷瞥上一眼，推開對方逕自離去。

如果在街頭遇見那些不肯認錯、像挑釁般揚起下巴瞪視而過的人，心情一定會受影響。該如何形容那種感覺呢？那好似雨天的上班途中，冷不防被疾馳而過的汽車濺了一身泥水。

我無奈地搖了搖頭，穿過斑馬線，漫步走進咖啡廳。

正當我低頭將買好的麵包和膠囊咖啡裝進包包裡的時候，一對看起來像母女的兩名女性走過來與我搭話。

「那個，請問……」

那一刻，我自認已猜中對方來意。

「咦？我平時不上電視節目，她們怎麼認出我的？況且我現在還戴著口罩，莫非是我的忠實書迷？」

我的手探進包包裡摸索找筆，打算在便條紙上為她們簽個名。不過別忘了，要聽完整句話才能明白真正的意思，可是韓語的特性。那對母女此刻已來到我面前，並遞出手機。

「不好意思，可以幫我們拍照嗎？」

我若無其事地把手從包包裡掏出，接過手機。

「哦，拍照嗎？當然沒問題。」

我為她們拍下十幾張不同角度的照片，她們露出各種笑容、擺出不同姿勢，畫面顯得格外溫馨。在離開咖啡廳時，我從包包裡取出《心靈的主人》（마음의 주인，暫譯），在扉頁簽名後遞給她們。

「這是我的書，送給你們。」

「真的嗎？我們一定會好好拜讀的，謝謝。」

我和那對母女短暫交談後，朝著下一個目的地走去。方才那段溫暖的邂逅如同熨斗，熨平了先前在斑馬線上的不快。

我們每個當下會被不同的情緒渲染，瞬息萬變的心情就像薄如蟬翼的窗紙般，會因他人惡意的言語和行為，輕易地支離破碎。

要讓心情恢復，需要獨處的時間，或是其他人事物的溫柔充當黏合劑，將破碎的心情一點一點地黏合，再置於時間的微風中慢慢晾乾。

心情崩潰或破碎往往只在一瞬間。但要將其恢復如初，卻需要遠比想像更長的時間。

不安

因為無從知曉未來

每個人在一天結束、準備入睡時，都有專屬的睡前儀式。以我為例，我會一邊默念「安定感」這個詞——這代表一種保持不變和穩定的狀態——一邊做伏地挺身。當我以正確的姿勢、穩定的速度，反覆撐起和落下雙臂，同時調整呼吸，那些整日縈繞心頭的不穩定情緒和狀況，便會逐漸從腦海和心中消散，心情會變得平靜，也更容易入睡。

有句話說：「人生就是在活著的過程中不斷重生。」人的一生隨著時間的波濤載浮載沉，時時刻刻都在變化。

在人生旅途中，我們永遠無法預測會發生什麼，以及事情會如何發展。生活中的不確定性總是帶來不安，對生活抱有畏懼之心是人之常情。

父親過世後，母親一肩扛起撫養我們兩兄弟的重擔，面對著不確定的未來，她每隔兩三年就會去一次「哲學館」。

年幼的我對哲學館一無所知，總是好奇地問母親：

「媽媽，哲學館是什麼地方？」

母親解釋說，那是通過解讀生辰八字預測吉凶禍福的地方。我又追問：

「是嗎？那為什麼要去呢？」

「什麼？不要老是問這些問題，去就是去。你在家乖乖待著，我很快就回來！」

我不放棄追問：「哪有『去就是去』這種事！」但母親不

再多作解釋。

歲月如梭，我漸漸長大了，開始懂事，也稍微明白些人情世故。某一天，我和母親在客廳一起看電視，螢幕上正播著一位知名藝人去哲學館詢問「財運」。母親突然開口：

「起周，你知道我當年為什麼去哲學館嗎？因為那裡會說我想聽的話。他們告訴我，我一個人也能把你們兩兄弟養大，還說你們的人生會很順遂。我在撫養你們的時候，很需要有人對我說這些話。」

我沒有作聲，只是瞪大眼睛望著母親。雖然無法完全理解母親的話，但從她的眼神和語氣，我隱約明白她想表達什麼。

我眨著眼，心想：母親花在那裡的錢，也許就是她用來消除心中不安的代價吧。

面對未知或遠超過自己能力的事物時，恐懼總會不期而至。除了已逝之人，沒有人能在面對陌生而龐大的對象時毫無畏懼。

我們都在用各自的方式稀釋不安的濃度。有些人選擇冒險，直面那個未知的存在，為了揭開它的真相；而有些人則選擇向他人尋求慰藉與鼓勵，把那些溫暖的話語注入被不安籠罩的心房。對後者而言，一句溫暖的話就能成為他們度過艱難時期的支柱，倘若聽不到那樣的話，他們的生活可能會陷入沮喪和失落。

每個人都有渴望從別人口中聽到的話。

那些話能沖淡令人心神不安的恐懼濃度，或將之徹底驅散。只不過，每個人尋求那些話的方式和途徑各不相同罷了。

逃脫

最強大的生活動力

逃脫，是指從某種情境或空間中脫離的行為，但這並非人類獨有的本能，植物也會為了獲得更多陽光而「逃離陰影」。它們扭轉枝幹，向著陽光充足的方向伸展，脫離陰暗的環境。

植物這種向陽彎曲生長的習性，和人類的生活方式何其相似。縱使夢想和理想遙不可及，我們仍會不斷調整自己、轉變身心，朝著那個方向努力前進。

我之所以提到植物，是因為我想起最近一次朋友聚會上遇到的事。那天，我遇見一位讀者，她問道：

「老師，我看完您的書，有個問題我一直很好奇，是什麼契機讓您走上專職作家這條路呢？」

我笑著搔了搔頭說：

「這個嘛，其實沒什麼特別的契機。怎麼說呢？從一開始替別人寫作，自然而然地轉變成為自己而寫，就像隨著歲月的波濤，順其自然地過渡到這條路。」

話才剛說完，她眨了眨眼，一臉期待，似乎在等我進一步解釋：

「什麼？順其自然地過渡？就這樣嗎？」

說實話，每當遇到這種反應，我都很想乾脆回答：「是的，這就是全部。」然後結束對話。因為我真的沒有更多可以補充的。日本小說家村上春樹曾說，他在某天看棒球比賽時突然決定要寫小說，但我並沒有那種戲劇性的契機引導我步上寫作之路。

如果非要找個原因不可，我會說，當時我一心想辭職。我無法忍受公司聚會時上司遞來的炸彈酒，那比瘟疫還讓人厭惡。而為了工作不得不和性格迥異的人打交道，那種壓力也讓我心力交瘁。

我的本能告訴我，必須逃離那個環境。

「有什麼方法能讓我辭掉工作，還能做著自己想做的事，並以此為生？有什麼辦法呢？」

不過，我並未刻意制定計畫去實現那些想法。畢竟就算再縝密的籌劃，這也不是一個事事都能如願以償的時代。

我只是做出判斷：只要能助我逃離「不喜歡的工作和處境」，不論是什麼事，我都會毫不猶豫地去做。現在回想，我好像也做了不少無謂的嘗試。但無論如何，那些努力會慢慢累積，最終匯成一股浪濤；待我察覺時，我已不知不覺站在那股浪濤之上了。

當然，我很幸運。若無運氣眷顧，那股我稱為「新生活浪濤」的契機不會出現在我面前，我就無法乘浪而上，也就無緣走上專職作家之路了。

即使到現在，每當我打開電腦準備寫稿，將雙手放在黑色鍵盤上的時候，第一次決心逃離公司的那一刻仍舊歷歷在目。回首往事，當時之所以能下定決心，並不是因為我懷著成為作家的堅定志向，而是由於逃離公司的欲望太過強烈。換言之，不是因為有想追求的目標，而是因為想逃離某些事物，才讓我踏上這條未知的道路。

就像所有人一樣，在生活中，我們對厭惡事物的感受會比對喜歡的事物更為強烈且鮮明。我也是跟隨那股厭惡的情緒，一路走到今天。

哪怕是現在，我心中這種「逃脫的欲望」依然時時蠢動，但我並不會壓抑它，而是任其自由流動。

因為我相信，有一天它會引領我走向一個陌生的世界。那是一個必須懷著這股渴望才能到達的未知世界……。

玩樂

重新穩住內心的時刻

我曾在一檔綜藝節目中看到藝人體驗臨終的場景。

「竟然敢體驗死亡？這未免太狂妄了！」我心想。但看到參與者的態度相當嚴肅，我沒有轉臺，繼續看了下去。

他們穿上壽衣，一一躺進棺材。一躺好，外面的人便會闔上棺蓋。他們在棺木裡靜躺片刻，出來後紛紛表示，當下腦海中浮現家人和朋友的臉龐，淚水奪眶而出。

體驗的藝人們在入棺前都要寫下自己的墓誌銘，有位藝人寫下：「好，是時候出發了！」引得眾人發笑。但大多數的參與者都在認真思索，該在自己的墓碑上留下什麼。

他們的神情彷彿在說：「簡單幾個字真能概括一個人的一生嗎？」我不禁也陷入沉思。

「將來我死後，來到我墳前的人，會凝視著什麼樣的字句追憶我呢？」

若說在過去的年代，墓碑上的文字能串連起生者與逝者，那麼今日網路上的訃聞也發揮著類似的作用。訃聞可謂「線上墓誌銘」，人們閱讀那些濃縮一個人一生的訃聞來緬懷逝者。

每當在報紙或新聞網站上看到訃聞時，我總會細讀。大多數訃聞都用簡潔的字句來描述逝者生平，但我總會想，這些看似平凡的工作，或許就是數十年來支撐一個家庭生計的支柱。因此，我不敢馬虎對待任何一行文字。

我若是冥界入口的守門人，我會輕拍逝者的背說：「長途跋涉而來，您這一路辛苦了。」

韓國媒體刊登的訃聞多半枯燥乏味、千篇一律。相比之下，西方媒體上刊登的訃聞，則從更多面向描繪逝者的生平。

幾年前，一位美國教授分析當地的訃聞，得出一個有趣的結論。他發現，比起單純提及逝者的職業或社會地位，更多訃聞會提到逝者生前熱衷的嗜好，或閒暇時享受的娛樂活動。

舉例來說：

- 每個週末都約朋友去打籃球的大衛，現在應該正在天堂上演精彩的灌籃吧！
- 伊莉莎白從小學起，只要有空就會拿起畫筆，從未放棄當畫家的夢想。她此刻應該正在天國裡凝視著畫布吧？

大抵是這種形式。

歷史學家約翰・赫伊津哈（Johan Huizinga）在多年前就提出，人類文化的起源在於玩樂。他主張，不是文化孕育了娛樂，而是娛樂孕育了文化。

依他之見，沉浸於玩樂是人類的天性。的確，每個人都擁有「玩樂本能」，誰都有過沉迷於玩樂而廢寢忘食的經驗。不是為了生存，而是單純地玩樂，以赤子之心享受簡單的活動。擺脫追求十全十美的壓力，處於無目的性的玩樂時，反而益處良多。當我們感到壓力或要面對比平時更費心的事情時，能穩定心神的是玩樂，而不是工作。因為玩樂能幫助我們找回內心的平靜。

換句話說，沉迷於玩樂的時間，能為現代人的疲憊心靈注入活力。

不妨在此想像一下：若有一天你突然去世，報紙上刊登了你的訃聞，生者會用什麼樣的語句告知你的離世呢？人們又會如何記住你這個人？

娛樂和興趣，在履歷表或自介中可能只是例行公事般的敘述，但我們如何安排下班後的時光，以及在哪些娛樂和興趣中尋得人生的樂趣與意義，都將決定訃聞中如何描繪我們的人生。

實現

審視和打理人生的過程

從前有個王國，住著一位年邁的國王。國王一生戎馬，不斷與鄰國交戰，在戰爭中擴張龐大的王國領土，他的一生都浸染在血腥的戰場上。然而，終生馳騁沙場的國王，也有一個長期煩擾他的問題，那就是王位傳承。有一天，國王召來他的三個兒子，說道：

「這是我千辛萬苦得來的稀有植物種子，現在我將它們分贈於你們。在接下來的一年裡，誰能將這顆種子用在最有意義的地方，誰就能成為這個王國的繼承人。我希望你們能實現心中的夢想。」

轉眼一年過去了，國王和三位王子再度相聚。只見大王子駕著滿載金銀珠寶的馬車而來，二王子則搬來一個鐵製保險箱，唯獨小王子空手而至。

大王子昂首闊步，得意地向國王報告這一年的成果：

「父王，我將您賜的種子作為本錢，用於貿易。與鄰國商人頻繁交易後，我累積了可觀的財富，未來我定當竭力讓王國富庶昌盛。」

國王聽罷，臉上卻未見喜悅，他說：

「我知道了，辛苦你了。」

這時，目光如炬的二王子在侍從的協助下，抬起鐵製保險箱，說：

「父王，這顆種子如此珍貴，我把它妥善封存於鐵箱中，不讓任何人碰觸。像這樣珍貴的東西必須謹慎保管，而非隨意使用。我會像保護這顆種子一樣，守護王國和子民。」

「你也辛苦了，我能夠理解你的用心。老三，你為何空手而來？」

小王子小心翼翼地說：

「父王，我培育的東西無法帶到這裡。」

「哦？說說看，這一年來你做了什麼？」

「我很好奇那顆珍貴的種子會開出怎樣的花朵，於是我將它種在一片沐浴著和煦陽光的土地上，每日澆灌，耐心等待。幾天後，嫩綠的新芽破土而出，我親眼見證了它開花的過程。我日復一日地守護幼苗，觀察它是否健康成長。我因而學到栽種植物的知識，於是種下了更多植物，而最初播種的地方已然變成一座生機盎然的花園。現在，那裡已成為百姓流連忘返的樂土。未來，我會像照料、澆灌花朵一樣，細心耕耘王國，讓夢想落地生根。」

國王綻放出欣慰的笑容，輕輕點頭。

他認為小兒子是最適合的繼承人，不僅能守護國家免於外敵侵擾，還能讓百姓安居樂業。

幾個月後，國王在親人的陪伴下安詳地走完人生最後一程。他的骨灰被灑落在那座美麗的花園周圍。

02

CHAPTER

任何事物都不只有單一面向

如果用刀剖開內心湧動的情感，

也許能看見層層疊疊的情感斷面。

正如生活本身，就是如此複雜難解。

時間

歲月之風

母親罹患耳石症已十多年，最近她時常抱怨頭暈目眩，彷佛整個世界都在旋轉。雖然經過治療後症狀有所緩解，但這種病無法根治，只能隨時注意。

前不久，母親又因為耳石症突然暈倒，我連忙陪她搭上救護車直奔醫院急診室。救護車已全速前進，但因為我心急，體感上車子像蝸牛般緩慢。

當病情危急時，時間是決定生死的關鍵變數。拯救病人的性命，本質上就是與時間賽跑。

救護人員會竭力在最短時間內將患者送往醫院，積極介入患者的生命曲線，阻止患者「踏上不歸路」。

那天，幸虧救護人員與醫護團隊的及時處置，母親的病情很快便穩定下來。醫生評估後建議她隔天下午再出院，並再三叮囑：

「耳石症患者除了定期回診外，日常飲食也要多加注意，尤其是鹽分的攝取，能少就少。」

辦完出院手續後，我們在醫院一樓的咖啡廳稍作休息。我點飲料時忍不住偷看了母親一眼。她的身形比往常更加佝僂的樣子，讓我感到不捨。

就在那時，我的目光被母親座位後方牆上的一句話吸引，彷彿有人替我將照顧母親時，多次在心中盤旋的思緒整理出來，簡潔卻深刻：

「當你需要有人陪伴時，我會在你身邊。」

我的大腦不自覺將它轉化為另一個版本：

「當母親需要我時，我會把時間獻給她。」

或許生命的本質就是時間、空間，以及人與人交錯而過的軌跡。

要真正留在某人身邊，就必須刻意創造機會，讓彼此處於同一個時間與空間。換句話說，陪伴的本質就是分享時間。

然而，現代人自嘲為「時間貧窮族」，從清晨睜眼到夜晚闔眼，一整天都被時間追趕，嘴邊常掛著「忙」字，總是在思索如何更有效地運用有限的時間。

人們也會衡量時間的重量。我們時常誤以為與家人共度的時光是輕鬆的，而外出奔波的時間是沉重的。其實，情況可能恰恰相反。然而，無論我們多麼珍惜時間，時間與人的關係始終無法逆轉。

時間從不會受制於人類，
時間只會在人類無法觸及的高處，
嚴厲地俯視我們，靜靜流逝。

人類永遠追不上時間的步伐。
總有一天，我們會被歲月之風無情摧殘，
被驅逐到時間的彼端，
最終化為虛無。

但有一種時刻，我們無須害怕時間的流逝，那就是與摯愛之人共度的時光。唯有在那溫暖的時光中，我們才得以卸下焦慮與不安，找回平靜，撫平生活的虛無感。

與珍貴之人共度的時光會化為我們時常說起的回憶，連帶當時的溫度也會被封存其中。回憶，擁有一種特別的力量，能融化被世間風霜凍結的心。

人們再忙仍會透過照片或影片記錄日常瞬間，不僅是為了懷念過去，更是為了在未來的某一天，重新拾起這些片段，撫慰當下的傷痛與痛苦。

複雜

糾纏不清的事物

我曾在醫院手術室外徘徊許久，那段時間如同跨越漫長的歲月。每當母親要動手術時，總會對我說：「起周，有你這樣的兒子，我真的很滿足……」

——《心靈的主人》

母親因多種疾病纏身，是醫院的常客。每次住院，我總是盡可能親自照顧，不另請看護。

照顧病人並非易事。英語的「Care」一詞，據說源自古日耳曼語，除了有「照顧」與「護理」的意思，還蘊含「心理壓力」這層含義。

長期照顧者承受的壓力極其沉重，許多人因此身心俱疲，甚至比病人更早倒下。

有人形容，看護如同一場漫長的戰爭，只有等病人或照顧者其中一方走到人生盡頭，才會真正結束。

幾個月前，母親在京畿道高陽市的國立癌症中心動了腫瘤切除手術。當醫生告知需要手術時，我強裝鎮定地告訴自己：「這次也會順利過關的。」但是，隨著住院時間一天天拉長，我的精神和體力也逐漸透支。

手術當天，我在手術室外等待結果，無意識地發出既憂慮又愧疚的長嘆。

身為子女，我想到母親年輕時獨自撫養我們兄弟，因而忽略了自己的健康。如今她年歲已高，病痛纏身，我不由得無比內疚。

但是，正如沒有下不停的雨一樣，也沒有消散不了的情緒。母親手術順利完成，籠罩我心頭的愧疚感也漸漸散去。取而代之的是如同撲滅一場大火後的安心，以及一絲難以言喻的幸福感。

在辦理出院手續、支付醫療費時，那份幸福感更為強烈。當手機響起支付成功的「叮咚」聲時，彷彿一盞柔和的燈在心中亮起，我整顆心瞬間變得明亮。我再次感激自己能在母親需要時陪伴她、照顧她。

從母親住院到出院，我的心情就像變幻莫測的天氣那般時晴時陰。

更準確地說，是「感激」與「愧疚」這兩種矛盾的情感相互拉扯，使我陷入無比複雜的情緒之中。

我們人生中所有情感都是如此交織不清的。比如，剛分手的人會陷入思念和憎恨交織的情緒中；主動離開效力多年的職場準備跳槽到新環境的人，在最後一天通勤時，如釋重負之餘也免不了一絲不捨。

假如用刀剖開我們內心的情感，就像切開年糕一樣，能看到層層疊疊的情感斷面。

正如生活本身，就是如此複雜難解。

極限

無法攀登的樹木

《馬丁伊登》這部改編自美國作家傑克・倫敦（Jack London）同名小說的電影，將故事背景設定在義大利拿坡里。路卡・馬里內利（Luca Marinelli）飾演的主角馬丁・伊登是一名普通船員。某天，他在碼頭搭救了一名被流浪漢毆打的少年。來自上流社會的少年對他深懷感激，邀請他到家中作客，就在那裡，馬丁邂逅了潔西卡・克雷西（Jessica Cressy）飾演的少年姊姊伊琳娜。伊琳娜含蓄迷人的笑容，讓馬丁一見傾心。

自那一刻起，馬丁就渴望躋身上流，成為像伊琳娜一樣舉止高雅、學識淵博的人。他開始廢寢忘食地閱讀、勤奮寫作。在過程中，他不知不覺萌生了作家夢。

馬丁和伊琳娜的關係始終遊走在曖昧與猜疑之間，歷經一段微妙拉扯後，最終墜入甜蜜愛河。

不過，他們卻因為生活環境的巨大差異，難以真正理解對方，更無法觸及彼此內心最深處的孤獨與傷痛。

兩人之間的摩擦傳入旁人耳中，從私下茶餘飯後的話題浮上檯面。伊琳娜的家人終究無法接受馬丁的職業和家境，馬丁的親友也毫不避諱地指出：愛情的力量不足以跨越兩人之間的階級鴻溝。

馬丁終於領悟，
愛一個人並不代表
愛情必然會帶來幸福。

每個人都在努力跨越
橫亙在愛與幸福之間的鴻溝，
掙扎著想靠近所愛之人……

環顧四周，我們總能遇見一些人，他們就像電影中馬丁和伊琳娜的家人，說話直接，不拐彎抹角：「你再怎麼固執，不行的就是不行」、「不要看向爬不上去的樹」。彷彿唯有這麼直截了當地說出來，他們才會覺得痛快。

這些人之所以不傾向以委婉的方式，是因為顧及對方感受而刻意修飾語氣的表達，只會模糊事情的本質。

與這種直來直往的人交流不容易產生誤解，因為他們的話語直白清晰，不帶一絲曖昧或含糊。

不過，當他們的忠告過於現實，而且還帶著命令的口吻時，情況會變得尷尬微妙，更可能會令人手足無措。

或許有人可以心平氣和地接受冷靜又武斷的語氣，但說實話，我並非其中之一。

記得大一那年，我曾和社團學長聊起未來的生涯規畫，當我提及自己想靠寫作謀生時，那位正準備加入新聞媒體的學長毫不客氣地潑了我一盆冷水：

「什麼？想當作家？你覺得你有那種本事嗎？你一個月看幾本書？拜託，認清現實吧。」

我當下驚慌失措，只能緊閉雙唇，做不出任何回應。或許是青春的叛逆作祟，我只是瞪大雙眼，臉頰漲得通紅。

「學長憑什麼替我設限？」這句話在我喉嚨裡翻騰不已。

隨著社會閱歷漸深後，我對「極限」和「不可能」的看法也有所改變。有時執著於明知無法完成的目標，反倒會忽略了那些能輕鬆勝任的事。

每當這種情況發生時，我便會思索，可能要懂得接受那些徒勞無功的現實，承認自己的極限，才能讓生活更從容前行。

每個人心中都有一棵無法攀登的樹。即使無法攀登，它也不會像海市蜃樓般虛無縹緲或毫無意義。我們終其一生都會不斷追憶那些未能抵達的彼岸、未竟的夢想。無論是工作、理想，抑或是愛情，都是如此。那些未能實現的遺憾將成為「記憶的框架」。

正是因為渴望靠近那棵無法攀登的樹，我們才毅然踏上人生的征途。

當我們在旅程中氣喘吁吁時，會短暫停步，望向那棵依然挺立的樹，讓徐徐微風拂去汗水。就這樣，我們遙遙凝望著那棵樹，任憑歲月流轉，跨越季節的更迭。每個人都是如此。

假如心中擁有這樣一棵樹，能否稱它為「賦予生命力量的樹」？

縱使一生都無法攀登巔峰，縱使在未來的某個時刻，它會如遠方的風景般漸漸遠離我們。

思考

在心靈田野上生長的東西

有些日子，一天才剛開始，我便陷入困擾：「為什麼今天早上頭這麼痛？是不是又胡思亂想些沒用的事？」每當這種時刻，我會放下手邊的一切，打開電腦。因為若不傾瀉這些想法，我將難以承受它們在腦海中翻湧的壓力。

當我一屁股坐在椅子上，指尖輕觸鍵盤，「噠噠噠」的奇妙韻律立刻響起。

那節奏宛如海上推動帆船的微風一樣。

我將那股節奏化為動力，猶如一葉帆船，悠然滑行於螢幕中那片「想法的無垠海洋」，進入渾然忘我的境界……

初稿永遠是不拘一格的揮灑，當下的目標並非修飾文字，而是盡可能傾瀉腦海與內心的紛亂思緒。當然，若能用清晰易懂的語言表達，讓他人也能理解字裡行間的意涵，更好不過。

但我從不去想：「是否有人會在我的文章劃重點？」「這些文章將來能出版成書嗎？」不去想，自然不會為了尋找答案而徒增煩憂。我避免杞人憂天，也避免讓過多的雜念干擾。

因為那只會打亂寫作的節奏。

我認為，並非所有的思緒都對生活有益。

過度思考會讓我們偏離初衷，讓負面情緒乘虛而入。那些紛擾的念頭，轉眼間會化成名為「煩惱」的塵埃，使原本清澈的心蒙上一層灰。

當我們被無盡的想法和煩惱糾纏時，就會執著於去改變那些注定無法改變的事物，或固執地挽留那些本應改變的事物。簡單來說，這正是煩惱的開端。

煩惱恰似一張搖椅，怎麼擺盪也無法帶我們到達嚮往的彼岸，只會徒然動搖我們。

那麼，該如何避免淪為「雜念的奴隸」？是否將自己關在房中盤坐冥思，努力驅散腦中千絲萬縷的思緒，就能化解雜念、完全專注於自己嗎？

「思考」的「思」，由「田」和「心」組成，這意味著思考就像農作物一樣，需要在心靈田野中靜待其自然成長。

因此，唯有讓孕育思考的心靈田野保持平靜，才能紓緩那些紛擾的雜念。然而，心靈不是伸手就能觸碰得到的，更遑論控制。

正因心靈難以直接安撫，我選擇從照顧身體開始，間接撫慰內心。

每當感覺思緒雜亂、煩惱纏身，我不會靜靜地待在房裡，而是會背起包包，讓自己出門。漫步街頭、開車遠行、揮汗運動，或者走入書店，在書海中徜徉。我用各種方式讓身體動起來，那顆被不安和擔憂填滿的心便會逐漸生出些許空隙。

我無法斷言身體和心靈之間的連結，但可以確定的是，適度活動身體確實有助於調整心理狀態。

若你察覺自己的心靈之池已被雜念和憂鬱淤積，請果斷讓自己動起來，尤其是當那些紛擾的思緒試圖吞噬你的勇氣時，更應如此！

哭泣

情感的氾濫

這是一個簡單的問題：哭與笑，哪種情感會在我們心中停留更久？我認為，淚水似乎比笑容更能黏著於心的表面，久久不散。

笑聲，總是以噴發之姿湧現。當喜悅蔓延或聽見妙語如珠的談話時，笑容便會如泉水湧出，從唇角奔騰而瀉，乘著強大的歡愉氣流直上雲霄。可是，再怎麼爽朗的笑聲，也難以在心中長久沉澱。

而淚水，卻是往下墜的。當難以承受的情感襲來，我們會不自覺地蜷縮身體，任憑淚水一顆顆墜下。與笑聲的飛升不同，淚水會在心底層層積累。每個人都有過想哭卻無法放聲大哭，只能強忍情緒、嚥下淚水的時候。

那些勉強嚥下的眼淚，終將順著胸口潸然滑落，在心底匯聚成一泓濕潤的淚湖。這片淚湖偶爾會氾濫成災，唯有讓淚水流出來，才能為新的悲傷騰出空間。

在淚水氾濫的日子裡，我們會如嬰孩般在地上翻滾，放聲痛哭。然而，只有像這樣肆意宣洩，才能完全釋放積壓許久的悲傷。

因此，我們有時需要一場酣暢淋漓的哭泣。直到雙肩隨著啜泣顫抖起伏，讓淚水傾瀉一切，帶走現實的重重壓力和歲月的阻礙，我們才得以向未來前進。

支撐

熟悉事物的珍貴

有些日子，新奇的事物不期而至，似泥土般層層堆疊，悄然覆蓋我們原本熟悉的日常；也有些日子，我們熟悉的事物被無情地剝離，逐漸遠去。

新奇事物的累積和舊事物的侵蝕，彷彿是一種貫穿生命的法則。

新奇和熟悉，都能豐富我們的生活，但真正支撐日常的，想必還是那些曾經陪伴我們許久的熟悉事物。

新奇的事物讓人悸動，卻因不夠熟悉，難以依靠。當生活的風暴襲來，將我們吹倒後，能支撐我們重新站起來、讓心靈安定的，唯有那些長久相伴的熟悉事物。

對比

因為不同而更加鮮明的事物

很少有人能清楚知道自己未來的方向，那些知道的人無疑是幸運的。他們能撥開生活中迷霧般的不確定性，找到安定感，全心擁抱當下。

每當對不確定的未來心生憂慮，或對前路迷惘不定時，我會攤開一張白紙，列出「想做的事」。

若一時難以列舉，我會反其道而行，先寫下「不想做的事」。儘管我們未必能確切知道自己想做什麼，但幾乎總能知道自己不願做什麼。

當「不想做的事」清單完成後，我會靜下心，細細梳理「想做的事」。

神奇的是，這個過程像在打撈那些原本在腦海中的想法，更確切地說，會讓埋藏於潛意識深處的想法逐漸浮現。至於能否將這些想法付諸行動，那又是另一回事了。

我突然憶起小學時期的美術課。那天，老師要我們選一個物體，一邊用紅色或黃色等暖色調描繪，另一邊則以藍色等冷色調畫成「對比畫」。老師解釋說，學會掌握深色的運用，才能真正理解暖色調的精髓。

同學們起初都很困惑，但完成作品後，大家似乎都理解了暖色和冷色在本質上的差別。

這個道理適用於世事。在現實生活中，當我們將兩個對立的事物並列比較時，自然而然能辨別優劣，或釐清原本混亂的情況。

因此，當無法做出決定或在岔路猶豫時，不妨嘗試探索相反的方向。

沿著因為對比而變得清晰的路走下去，說不定能逐漸釐清原本模糊的思緒，甚至在意想不到的地方發現答案。

評價

像是放在砧板上的魚

每個人生活中都有一些習慣或例行公事，它們可能不是一個明確的目標，也未必有助於人生，可是一旦中斷，日常節奏就會瞬間被打亂。

這些習慣平常做了不會有多大的變化，但少了會顯得格外突兀。

對我而言，逛書店就是這樣的事。只要沒有特別的安排，我習慣在平日午後抽出一兩個小時，在書店裡漫無目的地徘徊，隨興拿起一兩本吸引我目光的書，無目標地翻閱。

那天，我如常戴著帽子，稍微低著頭，在首爾龍山站附近的書店裡漫步。當我在文學區翻書時，我注意到兩名背著筆電包的男士，正在討論擺在書架上的《解語之書》。

我立刻站到他們身後，用書遮住臉龐，裝作專注閱讀的模樣，悄悄豎耳。他們不斷提到「老套」一詞，並吐出各種負面批評。

「你知道這本書嗎？看過嗎？」

「當然看過，這可是賣了一百八十萬本的書耶。」

「對啊，暢銷歸暢銷，但內容真的很老套。」

「是啊，這種書我也寫得出來！」

「真的假的？不要光說不練，有本事你也寫一本像《解語之書》一樣老套卻暢銷的書。」

「要不要真的試試看？哈哈哈。」

那一刻，我差點脫口而出：「不好意思，我就是李起周。你們好像讀過我的書，可以再說一次剛才的話嗎？」但最後我只是皺起眉頭，把話吞了回去。

一部作品一旦離開作者的手，書中的文字會在讀者的腦海和心中被重新賦予意義。讀者如何解讀、如何理解，完全取決於個人的選擇和見解。簡而言之，每個人的品味不同，但都必須被尊重。

我假咳兩聲，從後面偷偷瞪他們一眼。

沒多久，他們隨手把那本如同我分身的書放回架上，伴隨著不明緣由的笑聲走向另一區。我目送他們漸漸遠去的背影，心中默默與他們對話。

「坦白說，我至今也不清楚《解語之書》為什麼會變成暢銷書。正因為找不到答案，正因為不知道，今天我才會徘徊在書店中翻閱書籍，在字裡行間尋找答案。但無論如何，我絕不會用『好老套』去評論他人的創作與世界。因為我很清楚自己對於書、對於人，都有許多未能參透的地方。倘若一味抱持這種態度看待事物，想像力將永遠受限，也會無法想像或理解『老套』之外的世界。而一旦失去想像其他世界的能力，就只能永遠停留在當前的世界。」

我繼續在書店裡悠閒挑書。每週我平均會挑五、六本新書。難道我把買的書全都讀完了？當然不可能。我習慣穿梭於大型書店和獨立書店，挑幾本感興趣的書回家，讓它們棲息在我的書架上。當某本書吸引了我，我自然而然會拿起來讀。

有些書讀到一半就放棄，有些則會讀到最後一頁。無論如何，每當我闔上一本讀完的書，第一個念頭就是：「不能再偷懶了，是時候動筆寫東西了！」尤其當其他作者的文字啟發了我，這種念頭就更強烈。

不過，有些人習慣讀完一本書，立即評價該作品的價值和水準。這無可厚非，畢竟創作的自由和批評的自由向來並存不悖，就如同我在書店遇見的那兩位男士一樣。

但自從成為作家後，我便不再評論其他作家的作品。理由有幾個。

首先，我自己經歷寫書和出版的過程後，對那些素未謀面的作家產生了微妙的同僚情誼，讓我不願妄加評論同行以及他們的心血結晶。

其次，這個世界已經有太多人不只是單純評價作品，更是惡意攻擊書本與作家，我實在沒必要湊上一腳。

作家宛如砧板上的魚，時時刻刻會有批評利刃落在作家和他們的作品上。

但以寫作為生的人不應畏懼這些批評。有些作家會因為畏懼惡評，在創作時先行自我審查，刪去可能招致爭議的內容。

但這樣的自我設限，不僅扼殺了真實的想法，更限制了創作自由，這對作家來說是致命的打擊。

那麼，該如何在鋪天蓋地的批評聲中不畏縮、不退縮呢？

遺憾的是，沒有真正有效的方法。倘若真能像切除腫瘤一樣，徹底剷除那份恐懼，我早就那麼做了。

不過，作家擁有一項特權。那就是我們可以釋放出那些不安的負面情緒，不必任由它們積在心中。

例如，當「對批評的恐懼」在心底蠢蠢欲動時，作家不必容忍，可以用文字梳理其根源。一旦那些難以承受的恐懼被轉化為文字，它的威力就會減弱。

心中原本濃烈蔓延的恐懼會逐漸被稀釋。當然，需要有極大的勇氣才能直視恐懼的本質。

朋友

沒必要盲目地擴展人脈

我在首爾麻浦區附近辦完事後，特意繞去以前經常光顧的咖啡廳，但映入眼簾的卻是一塊「出租」的牌子。空蕩蕩的庭院，只剩一棵孤單的木蘭矗立，顯得格外冷清。

「記得春暖花開的季節裡，這裡擠滿欣賞盛開木蘭花的人潮……」

我輕拉那個布滿鐵鏽的門把，卻連一絲聲響都沒有。大門紋風不動，我只好鬆手，轉身離去。但思緒卻不由自主地飄向過去——那些曾在我生命中占據重要位置，卻因種種誤解而疏遠的人。有些人的臉孔依舊清晰，卻早已記不起名字；有些人的名字依然鮮明，臉龐卻已模糊。

無論我們是否願意，都必須與他人互動、建立各種關係，只是每個人選擇的方式和深度各不相同。有人僅維持最基本的社交往來，也有人堅信「人脈是財富」，因而不遺餘力地擴展交友圈。

我不禁好奇，我們究竟能與多少人建立並維持關係呢？

英國進化人類學家羅賓・鄧巴（Robin Dunbar）主張，現代人能夠維持深層社交關係的上限，約為一百五十人。這個觀點源於他對澳洲和格陵蘭原始部落的觀察。他發現這些部落的規模，大多數都維持在一百五十人上下，而這樣的規模能最有效地防禦外敵。

鄧巴教授將這個理論延伸到現代社會，他發現即使是在網路上，人們真正能夠維持親密互動的好友數量也不會超過這個範圍。這與原始部落的情況不謀而合，就是所謂的「鄧巴數」。當外界質疑「一百五十人是否太少」，鄧巴教授解釋，就連活躍於網路世界的「網紅」，能夠維持深厚關係的人數也差不多止於一百五十人。

曾幾何時，我也篤信人脈就是資產，努力經營那些與我沒有深刻交集的友誼，渴望透過與不同性格和想法的人交流，藉此拓展視野、吸收新知。大學時我熱衷參與社團活動，畢業後也積極參與形形色色的同好會。

可是，隨著年歲漸長，我發現過去我常常為了維持那些不必要的關係而感到壓力，並且耗費多餘的情感。漸漸地，我的人際價值觀改變了。

從那時起，我明白到，不必勉強自己擴展交友圈。

我經常浮現的念頭是，在與他人建立和維持關係時，最重要的是「自我尊重」。

在我對人際關係的信念動搖的那天，我看著手機中的聯絡人清單。

密密麻麻的名字中，有些已記不起是在何時、何地交換了聯絡方式，也記不起對方的模樣。我毅然決然地刪除那些失聯許久的號碼。

望著那份刪除後像皮球洩了氣那般的通訊錄，我默默下定決心：

「以後，不會再隨便把陌生的名字和電話號碼存進手機。與其費心認識新的人、拓展人際關係，不如專注維護現有的緣分。這才是真正的珍惜自己！」

無力

不是懶惰，更近似挫敗

我們偶爾會感到渾身無力或無能為力，進而懷疑自己。這時，「無力感」一詞就會在腦海中盤旋不去。尤其當我們對某件事滿懷信心卻以失敗告終時，更會不由自主地感到崩潰。無力感，表面上看似懶惰或怠惰，實際上更近似於挫折感或失敗感。要走出無力感的泥淖，首先要喚醒「自我效能感」，也就是相信自己擁有能夠完成某件事的能力。不妨就先從日常小事著手吧！

留白

如果沒有餘裕，難免會動搖

韓國人對咖啡的熱愛舉世聞名，對星巴克的喜愛，更到了衍生出「星商圈」（星巴克＋商圈）一詞的地步，指的是只要有星巴克進駐的商圈必然繁榮。

眾所周知，「星巴克」這個名稱取自小說《白鯨記》中的一位水手名，但其標誌背後的故事就鮮為人知了。

星巴克標誌的設計靈感來自希臘神話中的賽蓮（Siren）——以美妙歌聲誘惑水手的神祕生物。仔細觀察標誌會發現，賽蓮鼻子旁的陰影微微向右傾斜。

早期設計是以鼻子為中心，左右完全對稱，但這種設計給人過於冷峻嚴肅的感覺。經過改良後，設計師改採不對稱的構圖，讓標誌更加自然，也贏得消費者的一致好評。此外，修改時特意加入的留白元素，更進一步提升了整體視覺的美感。

留白的重要性並非設計領域獨有。我們之所以會覺得一首樂曲動人，或一幅畫作優美，通常是因為適度的空白。

許多被譽為藝術的顛峰之作也多是如此，表面看來平凡無奇，但那個無法輕易複製的空白和餘韻，反而讓觀者感到心境平和。這種留白也提供觀者想像的餘地，讓每個人都能以自己的方式去詮釋和填補作品中的微妙空隙。

在任何創作中，要刻意保留空白而不執著於填滿，其實並不容易。這需要創作者對時間和空間的深刻體悟與觀察。有人形容留白為「漫長等待後的輕吻」，大抵正是這個道理。

我曾在電視上看到漁民們在茫茫大海上捕撈鯷魚的壯觀景象。三、四艘漁船默契十足地將成群的鯷魚驅趕到一處，再一起拉網。

當漁網破水而出的瞬間，船身隨波浪左右搖曳，無數鯷魚和海水一同傾瀉到船艙，牠們的銀色尾鰭在陽光下閃爍生輝，宛如跳著一支歡快的舞蹈。一位船員一邊收拾在船艙內活蹦亂跳的鯷魚，一邊說道：

「每次拉網都會有一些雜魚混進來，這些小魚雖然也能賣點錢，但不能任由牠們一直進網，那樣漁網會承受不了。捕魚，光靠努力是不夠的，還要懂得留有餘地啊！」

船員進一步解釋，若是貪得無厭，執意連雜魚都一起打撈，就可能會導致船隻翻覆。一旦發現漁網變得過重就必須當機立斷，用長竿戳破網面。聽著這番話，我不禁深有所感。

回到我們的內心，也是需要留白。若內心過於擁擠，不僅會限制我們的視野，連帶心靈的節奏也會紊亂急促。

我深信人生的諸多不幸，都源於身體跟不上心靈的節奏。

當身心對外界刺激的反應速度有了落差，接著越來越失衡時，我們便會在生命的汪洋中徹底失去平衡，進而無可避免地沉入水底，留下無盡的遺憾。

03

CHAPTER

少痛一點的人，擁抱更痛一點的人

我們無法居高臨下安慰他人。

唯有在平等的地面上，

言語才能傳達出安慰。

安慰

減輕痛苦的行為

每次翻閱報紙時，我都會特別花時間細讀社會版和國際版內容，透過了解國內外發生的大小事件，我得以窺見現代人的心思是如何變化，以及如何被分散。這過程對我來說彌足珍貴，能讓我從日常生活汲取寫作靈感，創作簡樸的小品散文。

幾年前閱讀國際新聞時，一則報導深深吸引我的目光。那是關於英國一名六歲男孩「亞瑟」受虐致死的慘劇。當時那個孩子長期營養不良，幼小的身軀布滿了數百處瘀傷。

家用監視器清楚拍下亞瑟最後的模樣。飢餓難耐的他在黑暗中輾轉難眠，不停啜泣求救，但是回應他的只有無盡的寂靜。無依無靠的亞瑟整夜哭喊：

「沒人愛我！沒人給我吃的！」

依靠的「依」，是由「人」和「衣」組成的，象徵人類需要衣物抵禦寒冷，反映出人類的脆弱和容易受傷。

生活中，各種形式的寒冷總會侵襲我們的身心，可惜並非每個人都擁有足以禦寒的衣物。

當我們無處傾訴內心的痛苦，或是面對難以獨力承擔的考驗時，我們會把臉埋進枕頭，任憑淚水肆意流下，熬過一個又一個未眠之夜。在這樣的時刻，我們會深刻體會到人生的無常和空虛……

回想幾年前，社會各個角落還能見到人們願意鼓勵與支持他人，讓身處困境的人有所依靠。但是，不知從何時起，這樣的溫暖身影似乎悄然淡出了視野。如今，那些傳遞安慰的話語不再像從前那般受到關注。

相反地，人們似乎更喜歡用「毒雞湯」激勵大眾覺醒和奮發的專家。滿口犀利批評的毒舌專家活躍於各大媒體與演講場合，他們理直氣壯地高喊：

「現在這個時代，光靠安慰解決不了現實中的煩惱和問題。『安慰』這種肉麻的詞早就過時了！」

是這樣嗎？哪怕是再堅強的人，當生活動盪不安時，也會本能地想依靠某人或某種事物。當生命的原野吹起凜冽寒風時，沒人能憑自身的溫暖獨自堅持下去。

有些人自誇無須依賴別人，能獨自承受一切。殊不知在他們這麼想的那一刻，早已不知不覺地依靠他人的溫暖在現實中堅持下去。

我自己就是如此。平日就算遇到煩惱或困難，我也很少向他人求助或傾訴。但每當度過艱難的一天後，仍會渴望他人的安慰。

在那種日子裡，我會想著「今天讀到了某一段帶給我溫暖的文字」，將它當成枕頭般枕著入睡，被沉重現實壓到變形的心情就能慢慢舒展開來。

究竟什麼才算是安慰？為了撫平他人的痛苦和悲傷，我所說的每句話、所做的每個舉動，是否都能成為他人的慰藉？

每個人痛苦的理由和原因都不同，因此安慰的方式也不可能千篇一律。世上並不存在著一種放諸四海皆準的撫慰方法，所以我也無法說明白，何謂完美的安慰。

不過，對於什麼會妨礙安慰的效果，我倒是略有心得。那些不切實際的解決方案，或刻意擺出智者姿態，向陷入苦惱的人說些冠冕堂皇的安慰之詞，都無法真正撫慰傷痛。

每次我聽到那種話，除了感受不到絲毫的慰藉，更會產生抗拒和不快。

有一定重量的物體，
不用特意施力，
也會從高處滾向低處。
但安慰不會用這種方式傳遞。

我們無法居高臨下安慰他人。
唯有在平等的地面上，言語才能傳達出安慰。
因此，若想安慰別人，在匆忙說出溫暖的話語之前，應先調整至與對方心靈同等的高度。
需要安慰的人，沒有力氣抬頭仰望站在比自己更高處的人。

親密

因為最親近，所以最容易被輕視

在電影《意外的人生》中，哈里遜・福特（Harrison Ford）飾演的主角亨利是一名事業有成的律師，坐擁豪宅與高薪，享受著富足的物質生活，被眾人視為成功的典範。他將全部精力投入工作，一心追逐財富和名聲，將家庭擺在次要。每天回家後，他和妻子僅會生疏地對話幾句，就結束了一天。

某天，亨利遭到強盜槍擊，生命垂危。幸運撿回一條命的他卻失憶了。他專心投入復健治療，逐漸修復身心。在與老同事的重聚中，他努力拼湊破碎的記憶，回顧自己曾打贏的案件，也開始反思自己的人生。

當他發現過去的自己是個為了達到目的不擇手段的冷血之人，他對自己感到失望。

同時，他重新體會到家庭的可貴，因而逐漸蛻變成一個充滿人情味的人。

我們常對最親近的人做出不該有的行為，把工作中累積的「壓力包袱」帶回家，在家人面前發洩情緒，或因雞毛蒜皮的小事亂發脾氣。

究竟是因為彼此親近，我們才會輕視對方、任意犯錯？還是我們太相信對方會無條件包容自己的一切行為，以致失去分寸與節制？

心理學家指出，人類傾向將最親密的人視為另一個自己，但這樣的認知有時會越界，可能把對方視為「我」的一部分，進而試圖控制對方，導致衝突。

這個觀點確實有道理。每個人都有不同的人生經歷，看待世界的方式自然不同，若任意將自己的生活標準強加於人，產生衝突是理所當然的。

對人際關係的錯誤認知，也是我們在親密關係中容易犯錯的原因。

無論是情感上的親密，或地理位置上的接近，我們都天真地以為縱使發生衝突，也會迅速化解。我們深信家人、朋友或戀人之間牢不可破的情感連結，能讓我們在發生激烈的衝突後，也不會輕易離棄彼此；即便產生了隔閡，只要願意就隨時能修復關係。但是，親密關係一旦破裂，情感的裂痕比我們想像的更深，彼此的距離也會變得更遙遠。事實上，這需要付出相當長的時間和心力才能修補起來。

從某種意義來說，「愛」就是將彼此的生活交織在一起，就像書架上的每本書各自擁有專屬位置卻又相互依靠一樣。

愛一個人、珍惜一個人，並不代表可以強行將對方拉向自己。如果抹去兩人之間的空間，將會讓雙方都感到窒息與壓力，進而導致關係無可挽回地崩塌。

牽掛

愛的同義詞

這是我小學的一段模糊記憶。父親剛去世不久的那年寒冬，母親因重感冒臥病在床，額頭上冷汗涔涔。

我意識到情況不妙，心想必須做點什麼。傍晚，我穿好衣服，帶了平日上市場用的大購物袋，出門尋找週末營業的藥局。當時我天真地以為只要吃很多藥，母親就能迅速康復。

背著購物袋在夜色中行走約莫十分鐘，我終於看見一家藥局的招牌在黑暗中閃耀。我向年邁的藥劑師鞠躬，解釋了整個情況。

回家後，我將藥袋放在母親枕邊，催促她起來吃藥，不要死掉。我邊說邊輕搖母親的肩膀，母親這才勉強坐起。

「誰說我要死了？我才不會死。這是什麼？你晚上自己一個人跑出去買藥？」

我哽咽點頭，母親張開雙臂將我緊緊擁入懷中。那個夜晚，我一邊貼著母親的臉頰，感受到她額上的冰冷汗珠，一邊無聲流淚。

到底是出於什麼想法，會讓我對感冒的母親說「不要死」這樣的話？多年後的某一天，偶然目睹一名小孩的行為，我才得以回顧自己當年的舉動。

那是在回家的路上，我注意到附近的公園有一名約莫六、七歲的孩子正在和父親玩球。孩子扔出的淺綠色網球不慎打中了父親的臉，父親誇張地叫了一聲並假裝倒地。孩子似乎沒察覺到父親在開玩笑，竟手足無措地哭問：

「爸爸，你受傷了嗎？我害爸爸痛痛了嗎？」

我被孩子天真爛漫的語氣和他父親的調皮行徑逗笑了。看著他們的互動，我不禁浮現自己童年的模樣。

父母是孩子堅強的避風港和保護傘。在父母這個無可取代的庇護下，孩子得以消除不安，逐漸熟悉這個世界。

因此，當父母生病或受傷時，孩子自然會陷入恐懼。因為在孩子的世界裡，這不僅是照顧他們的人會消失這麼簡單而已，對他們來說，消失的更可能是全世界。

正因如此，年紀越小的孩子越會過度擔心父母的安危，甚至會在心裡喊著「不要死」這種極端的話，撲向父母的懷抱。

關心對方是否舒服、安全或危險，不正是愛的本質嗎？

從這個角度來說，「牽掛」確實就是愛的同義詞。我們愛一個人自然就會牽掛他的安危。牽掛無疑是愛的證明。不需要大人的刻意教導，孩子早已本能地領悟這個道理。

休息

累積生活能量的時間

「心情沉重的日子裡，我常常在入睡前讀著您的書，像散步一樣。」

這是最近在書店認出我的一位讀者告訴我的。在這個艱困的時代，能夠撫慰他人的心靈，身為作家的我深感欣慰。

但是，我也是凡人，也有渴望被他人安慰的時候，而不只是不斷地給予。尤其是當工作或人際關係消耗我太多精力時，我會想逃到一個寧靜的角落，獨自享受片刻寧靜。在那裡，我期待暫時卸下肩上的重擔，徹底放鬆一下。

人人都渴望休息，但當被問及「你平時是怎麼休息的？」許多人會楞住，無法立刻回答，彷彿早已忘記或遺失了休息時光一樣。

大多數的韓國人認為，要在職場上獲得成功就必須不斷鞭策自己、將自己逼到極限才可。他們把自己比喻為一旦停止踩踏就會倒下的自行車，縱使偶有休息機會，也無法真正地享受閒暇時光，而是繼續忙碌。

所有生物都需要有停下腳步、休養生息的時間。無論體力多麼充沛或自認多麼投入工作的人，如果在該休息的時候不好好休息，遲早會精疲力竭地倒下。

那麼，究竟要在何時休息呢？又該如何休息？每個人的生活方式和節奏不同，休息的方式也有所不同。有些人擅長從平和的內在世界中汲取生活能量，有些人則需要從外在環境主動補充能量。

你屬於哪一類呢？若是前者，你大概就會和我一樣，喜歡遠離人群，尋找能讓心靈放鬆的寧靜時光與空間獨自休息。

與其突然放下一切什麼都不做，我更偏好在適度的靜謐中做些喜愛的事來充電。可能是在車裡聆聽純音樂，或是放下寫作的壓力，在書店的角落悠閒翻書。

在這些時刻，我會以完全不同於工作時的態度去聆聽音樂、閱讀書籍。我曾在某本科學書籍中讀到，如果休息時保持和工作相同的心態，大腦會誤以為仍在工作。這個觀點讓我深有所感，也將它運用在生活中。

大概有人會不以為然地說：

「李起周作家，您休息時還在看書？開玩笑吧？最好的休息方式應該是徹底放空，和柔軟的沙發融為一體呀！」

我也說不清對錯。或者說，我可能無法將工作和休息截然劃分，沒辦法完全關掉「工作模式」。

所以，我一直以來追求的，是在高品質的休息和工作之間取得適當的平衡。

觀察周圍，有些人什麼都不做、徹底放鬆之後卻仍然抱怨疲憊不堪。或許，正因為他們沒找到平衡點，所以才無法真正擺脫疲勞。

何止是休息，生活在這個充斥著矛盾的世界裡，我們時時刻刻都遊走在現實與理想之間。因此，務必在其中找到屬於自己的平衡點。

無法在自相矛盾的極端之間取得平衡，是很難實現理想的，也沒辦法朝著嚮往的方向前進。

平衡，是終生課題。

交換

親子間的給予和接受

那是我進入青春期的某個夏日。傍晚時分，微微泛白的夕陽透過窗戶斜照在餐桌上，正在用晚餐的母親突然盯著我說：

「起周，你和你爸長得一模一樣呢！」

「嗯？我是爸的兒子，當然像他。不過，哪裡最像呢？」

「不只是臉和體型，你們的聲音簡直一模一樣。我偶爾會想，他是不是知道自己會這麼早離開人世，所以特地留下一個和自己一模一樣的你。」

「真的嗎？看來聲音是爸爸留給我的遺產。」

「是啊，就當作你收到了一件永遠不會損壞的樂器吧，你爸的樂器……」

有人說，子女是父母身邊的珍貴過客。因為從出生那一刻起，父母就細心呵護著他們，但時候到了又必須放手。從這位客人來到這個世界之前，父母早已將自己的本質濃縮後傳給了子女。

我從父親那裡繼承的不只是聲音，還有幾項小小的才能，縫紉就是其中之一。

我國小起就比同齡孩子更擅長縫紉，偶爾我會放下鉛筆，拿起針線，四處尋找家裡需要修補的衣物。即使到了現在，大多數衣物我仍然選擇親手修補，而不是送去給人修改。

就在前幾天早上，母親不經意提到想要一件純棉睡衣。她只是隨口一說，但我將那句話牢牢記住。「想穿」這幾個字，整天在我耳邊縈繞。

回想起來，童年時母親不經意說出的話，似乎在我心裡開闢了一條看不見的路。不，豈止是一條，而是形成了無數條影響我的道路。無論如何，那些當年只存在於內心深處的路，如今長大成人的我正靜靜地走在上頭。

那天回家路上，我特地繞去百貨公司買了一套純棉睡衣，放在母親的梳妝臺上。母親試穿後，站在鏡子前皺起眉頭，困惑地說：

「上衣穿起來很舒服，但褲子有點太長了。明天得拿去裁縫店修改一下。」

「腰圍合適嗎？只是褲子太長了嗎？」

我檢查過褲子，發現只要將下擺稍微往內摺，就不必送去給人修改。我立刻穿好針線，輕鬆地將褲長改短。母親輕撫著褲腳，臉上綻放出欣慰的笑容。

就在那一刻，我注意到母親手上的皺紋，那一道道深刻的紋路，宛如陡峭山坡上的階梯那般層層向外延展。

我不禁思索，就是這些階梯一路支撐著我，讓我長大成人，並且走上作家之路吧？

我想起幾十年前的某天，母親替我修改過長的衣服，讓它變得合身的情景。那天我穿上母親改好的衣服時，開心地說：

「剛剛好！」

就在我沉浸於往事時，母親已換好衣服來到客廳。她站在鏡前整理衣服，臉上泛起滿意的微笑。

每當看到母親那樣的笑容，我腦海中就會響起打字機的敲擊聲。最後，我謄打出這樣一段話：

「父母在子女面前的日常舉動不會消散於空氣，而是會完整地植入子女的生命。經年累月後，某一天會突然浮現，並且會以父母的立場重現。這樣的過程不斷重複，這就是親子之間偶有摩擦，也能始終不離不棄、保持深厚羈絆的原因。」

傷口

構成個人身分認同的要素

二〇一一年上映的《7號禁地》，是當時備受期待的韓國電影。電影描述海上石油探測船的船員與不明生物展開生死搏鬥的驚險故事。但是，開頭情節讓我感到十分疑惑。船員們聚在一起，炫耀自己因執行任務而留下的傷口，互相打趣說：「我的傷口比你的更大吧？」這段情節讓我皺起眉頭，抱起了雙臂，無法真正融入電影中。

真正令人痛徹心扉的傷口，絕不會被當成玩笑題材或伴隨輕浮的笑聲。

看看周圍，不難發現那些心中帶著深刻傷痕的人，從不輕易「炫耀」自己的痛苦回憶。因為那些傷口早已深深扎根，成為他們生命的一部分，要揭開傷疤談何容易。而在他人面前展示傷口，更像是往傷口撒鹽一樣。

每個人的內心深處，或多或少都有幾道這樣的傷痕。無法向任何人訴說，無論再多的溫暖記憶，也無法完全覆蓋。

但是，我們不該因為這些深藏的心靈傷口而感到愧疚。因為正是這些傷痕構成了我們獨特的個人身分認同感。

人們常說，每個人都是獨特的個體。但世上找不到第二個相同的人，這種獨特性真的只是源於基因的不同嗎？人類真的是受基因主宰的嗎？

我不這麼認為。一個人的身分認同感，絕非如此單純。我相信塑造一個人的身分認同感，不僅是與生俱來的基因，更包含了生活歷程在每個人心中留下的無數痕跡，特別是那些創傷與痛苦。

說不定正因我們經歷過與他人不同的傷痛，才得以成為今日獨一無二的自己。

回首過往，喜悅或成就偶爾會為我指引人生方向，但它們似乎不足以讓我選擇一條完全不同於他人的道路。唯有那些深藏心底且最為隱密的傷痛，才是真正引導我朝特定方向前行的「人生指南針」。一直都是如此。

平衡

愛就像坐蹺蹺板

我常常感到好奇，當我與某人交換愛意時，那份愛的重量與密度是否會完全相等？或許不會。愛的交換並不像「拓印」一樣，無法在畫紙上精準印出對稱的圖案。我付出的愛和我得到的愛，不可能完全相同。在愛的世界裡，我們無法保證能達到機械式的平衡——我喜歡對方的程度，並不會自動等同於對方喜歡我的程度。愛，更像是因為微妙的情感重量差異而不斷起伏的狀態，恰如坐在蹺蹺板上下擺盪一樣。

細膩

伸向他人的情感觸角

喜歡雨的人當中，有人鍾情雨天特有的氛圍，有人則喜愛在幽靜的咖啡館裡聽雨聲、品咖啡，也有人純粹迷戀雨天的景致。光是喜歡一樣事物都有如此細膩的區分，更遑論相愛的過程。我們在墜入愛河或從愛情中抽離時，都會向對方伸出情感的觸角，敏銳地感知愛的開始與終結。這是多麼細膩而精妙的一件事。

學習

深入挖掘並理解的過程

倘若說「愛」是心甘情願將自己的時間交付對方，那麼「分離」就是將曾與對方一點一滴堆疊的時光傾倒於虛空，任其隨歲月飄散。

有一部與我想法不謀而合的電影，就是朴贊郁導演的《分手的決心》，那是我近年看過最為動人的作品。

故事從一具由峭壁墜落的男性屍體開啟。負責調查的刑警海俊（朴海日飾）與死者的中國籍妻子瑞萊（湯唯飾）見面後，懷疑瑞萊的海俊試探著問：

「你一定嚇壞了吧？」

瑞萊卻平靜地回答：

「我每次都擔心丈夫上山後回不來。他終於死了！」

「終於」？意思是她一直在等待丈夫的死亡？或只是因為她的韓語不夠流利？面對變故依然冷靜自若的瑞萊成了警方懷疑的對象，海俊開始祕密監視她，觀察她的日常生活。然而就在這個過程中，他被她的微妙魅力吸引了。

兩人逐漸變得親密，透過感官捕捉彼此的細微動作，探尋對方的內心世界。刑警與嫌疑人之間的界線，被愛情的浪濤沖垮了。

劇情發展至此，海俊對瑞萊的感情已經通過鏡頭充分傳達給觀眾，但直到電影中段，瑞萊都沒向海俊傳達愛意，這不禁讓觀眾心生疑問：

「瑞萊愛海俊嗎？還是她接近他只是為了利用他？」

當然，就算是相愛的關係，也不必然要通過「我愛你」這樣的話語來表達或確認彼此的愛。

越是相愛的兩人，越會用只有彼此才懂的暗號或暗語交換心意。

表達愛意，並不需要刻意一字一句清晰地說出「愛」。這世上有著各式各樣的人，表達愛的方式同樣多彩多姿。不僅是戀人，朋友、家人、父母與子女之間皆是如此。

拿我來說，每天早上出門時，母親總是叮嚀：

「開車小心！」

「開車小心」這簡單的一句話總能觸動我的心，如同春天路邊盛開的花一般，讓我駐足品味。

每個人心中都銘刻著一句樸實無華的話語，來自摯愛之人。這些話不會被深藏心底，而是時常被拿出來，傾力傳遞到對方的耳中、眼底和心裡。

說不定正是這類既平凡又特別的話語，我們才能一次次體會摯愛之人的珍貴，對愛的真諦有了新的體悟。可以說，正是透過真摯地表達愛意，我們漸漸參透並學習了愛。

愛絕對與學習密不可分。當我們被某個人、某種價值、某個地方或某件事物打動時，內心便會燃起探索的渴望。

這份無法抑制的好奇心會激起學習的欲望。這裡說的學習，不只是記住知識或掌握技能，更是對人事物的全面理解；不只是欣賞其光明面，也理解其陰暗面。

再富有、聰明的人，都無法在有限的生命裡經歷或學習這世上的一切。

正因如此，我們才會終其一生都在翻閱那本深奧浩瀚的「愛情之書」，從中學習人生。就如同電影中的海俊和瑞萊，始終在探索和研究彼此一樣。

重逢

以不同以往的心態相遇

某個午後，我在咖啡廳用筆電工作時，無意間瞥見一對男女。他們之間瀰漫著一種說不清的氛圍。

他們沒有直視彼此的臉，只是一邊交談一邊點頭，卻又沒有明顯的疏離感。這是什麼情況？那份微妙氣氛從何而來？

坐在鄰桌的我無意間聽見「好想你」三個字。他們顯然不是互相試探好感的階段，更像是分手後重逢。從他們的表情和語氣，我幾乎能確定這個猜測。

那一刻，我差點脫口而出：「老情人重逢？」幸好及時用手中的書掩住了嘴。

望著他們的背影，我忽然想起德國作家徐林克（Bernhard Schlink）的代表作《我願意為妳朗讀》。

故事發生在一九五〇年代的德國。體弱多病的少年米夏與鐵路公司女員工漢娜邂逅，深深為她著迷。從她身上，他學會了如何去愛。兩人跨越年齡差距，譜寫了一段刻骨銘心的愛情。但是，漢娜卻在某天不告而別。這場沒有告別的離別，讓米夏懷著思念與怨恨的複雜情感繼續生活。

日子一天天過去，米夏成為法學院學生。他在旁聽一場戰犯審判時驚訝地發現，被指控為納粹幫凶的嫌疑人之中竟然有漢娜。漢娜被指控在猶太人集中營發生火災時，未釋放被關押者，導致眾人慘死。她因為擔心自己是文盲的事情被揭穿，因而在其他被告把責任推給她的時候選擇了認罪。

漢娜背負所有罪名入獄，卻在獄中意外收到米夏準備的錄音帶。正如當年他們用耳語訴說愛意那般，米夏將書中文字朗讀錄音，漢娜就聽著他的聲音學識字。

多年後，漢娜即將出獄，已屆中年的米夏與她重逢。兩人之間瀰漫著尷尬的氣氛。他們能否坦白深藏心底多年的情感？還是他們的愛情終將在歷史的漩渦中徹底錯過？

我也有過相似的經歷——與多年前無奈離別的深愛之人重逢。那時的我堅信「傷痛使人成長」這句老生常談，以為「離別」這臺顯微鏡能讓我們看清彼此之間的心牆，並相信自己能輕易打破它。

但我錯了。復合後並不順利，反而覺得有一道比從前更難跨越的障礙橫亙在我們之間。為什麼會有這種感覺呢？

後來我才明白，戀人的重逢並不是往昔愛情的延續，也不是單純地再次相遇，而是一個「全新事件」。是兩個因離別而經歷人生變化的人，開始一段新的愛情。

重逢，就是用全然不同的心態，重新面對曾經深愛的人。

正因如此，那段感情既陌生又充滿變數。許多復合的戀人之所以感慨「最初的美好回不去了」，大概也是這個原因吧？

04

CHAPTER

知淺則自滿，知深則存惑

四季更迭時，從未細看花開花落，

卻妄言知曉花的一切，

那不是真正的知道，只是自以為知道。

知道

對真知的探求

這可能只是我的偏見。不過，每次在寂靜處輕聲念出「森」這個字，就彷彿能聽到某處傳來的沙沙風聲。每次發音時，那耳畔迴盪的餘韻柔和得令人沉醉，讓人恍若置身林間小徑，心情也變得輕鬆。

這麼看來，單音節詞彙自有一種獨特韻味，若以人來比擬，像是一位言簡意賅的朋友，談吐優雅簡潔，令人倍感舒心。

每個人都會有一兩個鍾愛的單音節詞彙。在日常生活中，除了「森」之外，我也經常使用「紋」，無論是聊天還是寫作，這些字詞經常不期然浮現心頭。

世間萬物，無論是有生命還是無生命，皆有其獨特紋理，這就是個體的本質和紋路。說不定生活本身，就是一場打磨各自紋理的過程。

我最珍愛的單音節詞彙是「紋」，但最難參透的是「知」，也就是「知道」。

「知」究竟為何物？細察其字形，由「矢」（弓箭）和「口」（嘴）構成。真正的「知」，應該就像箭射中靶心，能準確洞悉事物的本質，然後以淺白之言傳諸他人。

在日常用語中，鮮少有比「知道」使用得更為廣泛的詞彙了。當人們掌握某種知識、資訊，又或者理解某事時，會說自己「知道」。比如，「我知道怎麼騎腳踏車」代表自己具備某種技能；「我知道那個人」則表示認識某人。

是因為這樣，人們才會在各種場合，每天都會脫口說出數十次的「我知道」嗎？

在韓國社會中，常有人僅憑片面的資訊和經驗便輕易斷言自己「知道」。更有甚者，憑藉膚淺的知識就自封為某領域專家，四處高談闊論、誇誇其談。

細聽那些言論，會發現很多內容是空洞或與現實脫節的。尤其是那些並非親身領悟，只是靠拼湊他人整理好的資訊和概念就假裝是自己見解的人，情況更嚴重。

我更願意相信那些「知道自己不知道」的人，也就是能坦然承認自己無知的人。

至少那種人不會欺瞞他人，也不會對世界造成危害。

清晨散步時，拾起路旁一朵盛開的花，沒人會說：「我知道這朵花的一切！」

真正了解一件事物需要投入時間和關注，並且反覆觀察。四季更迭時，從未細看花開花落，卻妄言知曉花的一切，那不是真正的知道，只是自以為知道。

嫉妒

在人前不表現出來的心情

幾年前，我曾參加一個由出版界人士組成的小型同好會。熟識的成員們定期相聚，討論出版市場的動態。

但是，如同大多數的聚會，同好會也不時會出現針對某些人的閒言閒語。比如有人就說：「你聽說過金老闆最近的消息嗎？他賺了點錢就變了個人，好像不想和我們來往了，都不參加我們的聚會了！」

那些愛挑毛病的人，在當事人面前會堆滿笑容，讚美之詞不絕於口；一旦對方不在場，立刻變臉冷嘲熱諷。

「那家出版社最近出的書大賣，真是太扯了！那種小說居然也能暢銷？我們出版界應該好好反省！」

「沒錯，哈哈哈。」

我從不認真聽這類對話。當與我同桌的人開始議論是非，我會心不在焉地聽著，再藉口有約，匆匆脫身。我覺得默默聽著那些話無異於參與其中，成為詆毀與批評他人的共犯。

流言蜚語之所以能擴散，最初的製造者固然有錯，但更關鍵的是那些推波助瀾的傳播者。是他們讓話題發酵，最終引發爭議，傷及無辜。我無意成為散播流言的幫凶，所以很快就選擇退出那個圈子。

他們為何熱衷挑剔他人？是為了糾正同行的錯誤行為？但

不管怎麼想，似乎都不是這樣。

他們抨擊的對象大多是出版暢銷書的出版社，從這點看來，那些口沫橫飛的惡評和攻擊很可能只是源於嫉妒。默默無聞的小出版社一夜暴富，顯然激起了他們內心深處的妒意。

其實，每個人都是「嫉妒帶原者」。
人人都會嫉妒，
只不過大多數人很少在他人面前赤裸裸地表露。

嫉妒是一種難以控制的情緒，就像走進一座入口易尋而出口難覓的建築。天性溫和的人，一旦陷入其中也會難以脫身，而失去平常心。

那麼，嫉妒的情感何時會潰堤而出？有趣的是，大多數人不會嫉妒那些高高在上的人物，而是會嫉妒那些和自己地位相差無幾卻略勝一籌的人。

此外，嫉妒的箭矢通常不會射向無關緊要的陌生人，反而會瞄準曾經親密的人。和對方相識越久，箭頭也就越尖銳。這就是嫉妒的本質。

問候

有時想躲在「我沒事」背後

「告訴我你常吃的食物，我就能告訴你，你是個怎樣的人。」這句出自一位法國美食評論家的名言，指出一個人的飲食喜好，在某種程度上會揭示其性格特質。

若將這句話的「食物」替換成「詞彙」，也同樣說得通：「告訴我你常用的詞彙，我就能告訴你，你是個怎樣的人。」

個人的身分認同與其慣用的語言密不可分。我們的情感表達和思維方式，正是由那些我們經常使用的詞彙塑造而成的。

這種說法是有幾分道理的。日常生活中脫口而出的習慣用詞，最能真實反映一個人的內心狀態；思索人生問題時偶然浮現的陌生詞彙，或許正指引著我們未來的方向。

世上每個詞彙都有其意義。我們日常閱讀、書寫、言語以及聯想到的每一個詞彙，都投射著我們各自獨特的人生。

這不僅適用於個人，同樣適用於群體和民族。一個群體的所屬成員，其日常表達方式或多或少會反映出特定的身分認同和情感特質。

韓國人在與他人問候時，經常會提到與食物相關的話題。比如說，街頭巷尾遇見熟人時，「吃過午飯了嗎？」「改天一起吃頓飯」是最自然的寒暄，而這也成了韓國人的口頭禪。

遠方的父母與子女通話時，「有按時吃飯嗎？週末回家吃飯吧！」成了他們表達關愛與思念的方式。

即使在與他人發生爭執時，飲食相關的表達依然相當普遍。當與某人起了嚴重的衝突，人們常會說「休想分一杯羹」來表達徹底決裂的態度。

此外，強調飲食和生計重要性的韓國俗語，更是不勝枚舉。比如「喉嚨就是捕盜廳」（意指吃飯是最重要的事）、「鬍子再長，也得吃飽了才是兩班」（意指再有身分的人，例如貴族、士大夫，也是要吃飯）、「金剛山也是飯後景」（意指再美的風景也比不上吃飽飯）等等。

整個社會裡，所有人際關係的開端與結束，都少不了食物的身影，無論多麼傑出的人物，都無法擺脫為了溫飽而必須奔波的人生現實。尤其在韓國，離開這些話題就無法討論人生。

近來，我與一位曾經要好但漸行漸遠的朋友重新聯絡，在不便貿然提到太多深入話題的情況下，我選擇發出一個不失禮貌的吃飯邀約。

「最近過得好嗎？找時間吃頓飯吧。」
「喔，起周，我過得很好，下次在光化門附近見面吧。」
來回幾句客套問候後，我們短暫地通了電話。我知道他近來因家庭問題經歷了一段艱難時期，所以問起他的健康狀況。
「對了，你身體還好嗎？沒事吧？」
「我？我沒事，身心都健康。」
在我們經常聯絡的日子裡，他也習慣說「我沒事」。就算情況明顯「有事」，他依然會笑著說「我沒事」。但是每當聽到這句話，我都不禁懷疑，這句「沒事」的背後是否隱藏著他不願透露的心事。
「難道這傢伙是怕我擔心，才一直說沒事嗎？」

日常的寒暄中，「我沒事」這句看似平凡的話，實則隱藏著多重意涵。

人們在有事時也會說「沒事」。就算情況顯而易見地令人擔憂，也會用「沒事」輕描淡寫地掩飾過去；就算身處困境，也會咬緊牙關說自己能撐過去，將真實感受深深壓抑。

或許是不想讓對方感到壓力，我們才選擇隱藏真實的感受。

「沒事」這句話，在不同的情況下就像是反覆背誦的臺詞。當我們缺乏勇氣在他人面前坦露內心，或是無法準確釐清自己當下的情緒時，我們也會含糊其辭，用一句「沒事」掩飾內心的複雜情感。

「我沒事……」

正因如此，對於人們常掛在嘴邊的「沒事」，我們不能簡單地停留在字面做解讀。想要了解那句話背後隱藏的情緒和想法，就需要敞開感知，敏銳地捕捉。若未能察覺重要之人的真實想法，任憑歲月白白流逝，這將成為人生最大的憾事。

對於那位總是說「沒事」的朋友，我決定找個時間再次表達關懷，約他週末一起吃頓飯。

我要當面問他：「你真的沒事嗎？對我你大可坦白，不必隱瞞。」

想像

可見之外的世界

人生一定要有意義嗎？即使沒有明確意義，我們能否好好生活？

我不清楚答案。有人從探尋人生意義中發現自身存在的價值，因而撐過艱難的現實；也有人因被迫尋找人生意義而感到疲憊不堪。所以很難斷言什麼樣是最好的。

然而，我觀察到在面對逆境時，那些清楚了解自己人生意義的人，比茫然不清的人，其承受能力更強大。

從納粹集中營倖存的奧地利心理學家維克多・法蘭克（Viktor Emil Frankl）在多本著作中提到，能夠發現並堅守人生意義是避免陷入自殺衝動的根本之道。他主張人類有追尋意義的本能。

經歷過「倦怠症候群」那種心理耗竭狀態的人，也分享過類似的經驗。他們表示自己在某一刻失去了生活的意義，不知不覺墜入憂鬱與焦慮的深淵。所幸，他們相信重拾生活的意義就能消除空虛感，所以嘗試用不同於過往的步調享受生活，並且主動尋求生活的變化。

舉例來說，有人會突然向公司提交辭呈，踏上「聖地牙哥朝聖之路」，享受獨處時光；也有人開始探索從未接觸過的事情與興趣愛好。坦白說，我也經常覺得一成不變的日常很單調乏味。每當這時，我會天馬行空地想像一些尚未發生，但未來某天可能會發生的情況，來擺脫令人厭倦的日常。

我不時會想像自己不再是作家，轉而當咖啡廳老闆的情景。我放任想像力遨遊，在腦海中勾勒：「要怎麼營造店內氛圍？要不要把珍藏的書籍放在店裡，供客人自由翻閱呢？」最近，我仍不時收集這些想像的碎片，期待有朝一日能將它們拼湊成完整的形狀，實現開咖啡廳的夢想。當然，這需要漫長的準備時間。

我還會在廢紙上隨意塗鴉，構思一些富有意境的咖啡廳店名。雖然這些名字礙於現實限制未必用得上，但如果可以的話，我希望能用我的書名當店名——將咖啡廳取名為「解語之書」或「心靈的主人」。我想像自己在那個空間裡親手沖煮咖啡，與讀者促膝長談的畫面。

從某種角度來看，生命就是一個不斷被自己所想像的世界背叛的過程。

人人都能天馬行空地想像，但能將夢想付諸實現的終究是少數。大多數的想像就像在腦海中盤旋的旋律，會隨著時間的流逝，無聲無息地散去。

即便如此，我們還是會一次次地想像那些不切實際或實現機率渺茫的事情。這並非我們無所事事，而是因為當我們幻想某件事或決心實現時，心中湧現的那份悸動，能夠幫助我們忍受現實，繼續朝未來邁進。

失去想像力的人類會變成什麼樣子呢？既無法為生活注入新鮮感，甚至會找不到人生的意義，或在面對小小困難時也會輕易退縮。那樣的我們只能困守於一成不變的生活中。

因此，絕不能停止想像。徘徊於黑暗隧道的時刻，越要想像隧道外的陽光；攀登艱難斜坡時，越要憧憬山坡另一頭的美景繼續前行。那些超越視線之外的世界，比我們眼目所及的世界更加深邃絢麗。

消滅

消散於時光中的事物

雷・布萊伯利（Ray Douglas Bradbury）的小說《華氏451度》，背景設定在一個禁止閱讀與寫作的社會。在那個反烏托邦的世界裡，擁有書籍就是犯罪，一旦被發現，消防員就會當場焚書。

有一群人則拒絕屈服。他們堅信，哪怕書被投入熊熊烈火，其中蘊含的知識也無法被徹底抹去。這些人選擇背下整本書，用人類的記憶取代圖書館和書籍的功能，將珍貴的內容傳承給後代。這樣的抗爭究竟能否成功？

如今，這個世界除了書還充斥著各種誘惑，在公車或地鐵上已經很難發現專注閱讀的人。每當我帶著紙本書搭乘地鐵，若恰巧發現對面也有人正在看書，一種奇妙的同伴感便會油然而生，彷彿我遇見了《華氏451度》中的反抗者。

紙本書的未來將走向何方？它很快就會被電子書等數位技術徹底取代嗎？作為一個寫書的人，同時也是熱愛紙本書的讀者，我充滿好奇。

和日漸式微的紙本書相比，有一樣物品仍然堅守著自己的一方天地，那就是鉛筆。雖然在書寫工具中，鉛筆的地位大不如前，但使用鉛筆的人似乎從不擔心它會走向衰退或消失。

我平日多用電腦寫作，卻仍對鉛筆情有獨鍾，經常添購各式鉛筆。當寫作陷入瓶頸時，我會將鍵盤推至桌角，拿起鉛筆在草稿紙上隨意塗鴉，梳理思緒。

上週，我造訪了首爾一家名為「黑芯」的鉛筆專賣店。即便是平日白天，即便現在幾乎所有生活用品都能輕鬆網購的時代，那家小店仍然擠滿了親自挑選鉛筆的顧客，熱鬧非凡。

在這個習慣用手機或電腦輸入文字的時代，鉛筆被視為過時的產物。

但為何仍然有人手不離鉛筆呢？有專家認為，這種現象是所謂的「新復古」風潮，人們對舊事物的興趣正在復甦。但我的看法有所不同。

我更關注鉛筆的「消逝性」。

鉛筆的宿命，是承受與紙張的摩擦和手指的壓力，伴隨著沙沙的落筆聲逐漸變鈍，終有一天化為碎屑，隨風散落。

在時間洪流中逐漸消逝的鉛筆一生，與人生有微妙的相似之處。

這種相似性成為情感的連結，將兩者緊密相連。只要這種連結存在，彼此間的距離就得以恆久維持。

我認為今日依然有人鍾情於鉛筆，可能是源自於鉛筆與他們之間的這種微妙連結。

換言之，人類渴望將與自己相似的物品留在身邊的心理，說不定是鉛筆至今仍占有一席之地的原因。

開始

不過是滄海一粟

改編自美國作家戈馬克・麥卡錫（Cormac McCarthy）同名小說的電影《陌路浩劫》，描繪大災難中倖存者的故事。維果・莫天森（Viggo Mortensen）飾演的男主角，原本與家人過著平靜的生活，直到一場突如其來的浩劫讓世界瞬間化為灰燼。他失去了摯愛的妻子後，決定帶著由寇帝・史密—麥菲（Kodi Smit-McPhee）飾演的兒子踏上旅程，前往南方海邊。

旅程充滿艱險，在文明已然毀滅，幾乎所有生命都消失殆盡的世界裡，天空被灰燼覆蓋，從昏黃轉為陰暗，父子倆不停在荒涼之地跋涉前行。

有些日子，他們走遍天涯海角也找不到一處能取暖的地方；有些日子，為了保護僅有的食物，他們不得不與陌生人展開生死搏鬥。可是，他們始終不曾停下腳步。因為他們心中仍存著一絲信念，相信只要沿著路走下去，總有一天會抵達那個未被浩劫波及的淨土。

這場為了逃避飢餓和寒冷而展開的旅程，父子倆將迎來什麼樣的結局？當他們歷經千辛萬苦抵達海岸時，等待他們的究竟是希望，還是絕望？

人們常說，好的開始是成功的一半。這句話用來強調開始的重要性，但我並不認同。

從全局來看，開始只是極小的一部分，只需要一點點好奇心和多餘的精力，我們隨時都可以開始一件事或一個計畫。

相比之下，經歷種種狀況後完成一件事，沒有說起來的那麼容易。要完成某件事，就必須解決過程中層出不窮的問題。未完成的狀態不足以稱為結束，想完美畫下句點就必須找出解決之道。

出版一本書也是如此。我們身邊不乏有人誇口：「假如把我的人生寫成書，只怕一輛卡車都裝不下那麼多的篇幅。」可是能真正完成寫作、將文字整理成具體內容並付梓出版的人，實際上寥寥可數。

這個道理並不局限於出版，也適用於我們生活中的每件事。開始，只需要動動嘴；要真正完成它，則必須付諸行動。

無論在哪個領域，總會有些人特別擅長善後或是解決問題。我們身邊並不難找到這樣的人。

韓國電視節目《生活達人》（생활의 달인），就是在介紹靠著努力將普通的日常事務練成技能的達人。難道這些人從一

開始就擅長學習嗎？

不可能的。能一蹴而就的，要不是天才，就是不誠實的人。能在特定領域成為大師的人，幾乎都有過無數次心血付諸東流的經驗。

他們之所以能成為大師，並非單純因為經歷了許多次的試錯。每當工作未能完成，或是陷入瓶頸時，他們所感受到的挫折和沮喪遠比他人更深。

正因如此，他們將未竟的目標銘記於心，在無人知曉的角落默默流淚，並誓言有朝一日要實現目標。

與其敬佩那些靠著敏銳直覺而迅速擴展事業版圖，或擅長同時處理多項事務的人，我更敬佩那些凡事有始有終的人。那些人每當遇到問題，總能找到解決之道而突破難關。

他們就像《生活達人》中的達人一樣，教會我許多生活的智慧。

冷笑

無比憂傷的眼神

一個平日早晨，我走進一家因為常有藝人光顧而聲名大噪的咖啡廳。可能我到得早，店裡人不多，我暗自期待能在這份靜謐中悠然品味一杯咖啡。

點咖啡時，我問了櫃檯的咖啡師：

「您好，請問今天的咖啡豆，適合熱飲還是冷飲？」

那位咖啡師上下打量了我一番，用略帶嘲諷的語氣回答：

「您平時有在喝單品咖啡嗎？如果不是對咖啡特別講究，

那麼這幾款咖啡豆喝熱的或冰的應該都沒差吧。」

這是怎麼回事？讓他冷嘲熱諷的原因是什麼？是因為一早遇到差勁的客人，到現在還沒消氣？還是我的語氣和長相神似惹毛他的人？或者純粹拿我當出氣筒？態度為何如此不友善？

感覺對方遞來了一份叫做「不友善」的隱藏菜單，讓我的心情很不美麗。但轉念一想，我不過是想喝杯咖啡，若還奢求親切的服務態度，那是我要求過多。因此我沒有表現出不悅之情，只是平靜地點了咖啡。

人類保護自己的方式大致分為兩種：一種是向外界敞開心扉，一種則是徹底緊閉。若總是選擇後者，長期下來可能會招致嚴重的副作用，陷入難以承受的孤獨。

我點完咖啡，遞出信用卡時，暗中觀察咖啡師的表情。他臉上寫滿對咖啡瞭若指掌的自信，眼神相當堅毅冷峻。但是，從那冰冷的眼神中，我讀出了那種只窺一隅卻以為洞悉全局之人特有的傲慢與虛偽。

他的眼神乍看銳利，卻透露出內心的孤寂，這使他看上去無比憂傷。

就像我常提到的，我平日習慣把咖啡廳當寫作室，我從不期待光顧咖啡廳時，店員會有多麼親切。

畢竟店家每天要接待無數客人，每次都期待對方報以燦笑，那是不切實際的奢望。只要接待我的店員不要過於冷漠就夠了，有時過度的熱情反而讓人感到壓力。

當然，在光顧各式各樣的咖啡廳時，我還是會遇到一些微笑待客的老闆。

該怎麼形容那些人呢？他們不像天生熱情的人，更像是自願放棄輕鬆的路，毅然走上一條辛苦的路。他們為自己訂定了一些不易落實的生活原則，努力讓這些原則滲透入骨，成為自己的一部分。

對他人不友善易如反掌，能保持友善才是不容易的。同理，放任懶惰的習慣不改極其簡單，要落實積極卻難如登天。

弄亂空間輕而易舉，要收拾整齊卻不容易；漠視規定再容易不過，要遵守規定卻需要堅定的意志；隨波逐流、做出和他人相同的東西很簡單，要創造出獨特的事物卻十分困難；發現髒亂後高聲指責他人每個人都會，而能夠默默清理的人卻少之又少；以偏見和厭惡看世界十分容易，要保持公允的眼光卻極為困難。

並非世間萬事皆如此，但「輕而易舉的事」和「困難重重的事」之間，時常存在著一道無形的界線。

然而，我們無法永遠在兩邊來回穿梭。到了某個關鍵時刻，必然要在兩者之間做出選擇，那時世界會問你：「現在的你，正邁向何方？」我們必須給出答案。

炫耀

匱乏的產物

幾年前，我曾展開一次全國書店朝聖之旅，當時我造訪了位於釜山機張的「Eternal Journey」書店。

參觀前，我走進附近的咖啡廳點了杯咖啡歇息。此時，身後傳來幾位長者高聲炫耀兒女的對話，其中一位說道：

「我家老大可是我們家的驕傲。」

話音未落便被周遭的嘈雜聲淹沒，另一位接著說：

「什麼？你說你家老大是全家的『愛』？」

將韓語發音相近的「驕傲」聽成「愛」並不足為奇。當我們愛著一個人時，比起隱藏這份情感，反而更想向全天下宣告。愛與驕傲本就密不可分。

正當長者們的對話聲如同機張海岸的海風輕撫耳際時，我起身離開，走向書店。

當我穿梭在書架間隨意翻閱書籍之際，背後突然傳來一個聲音說著：

「請問您是李起周作家嗎？」

「是的，我是李起周。您好。」

「哈囉，我經營一家出版社，聽說您愛逛書店，今天總算親眼見到。雖然您走神祕主義路線，不上電視也不接受媒體採訪，但只要眼睛夠尖，還是有機會在書店遇見您呢。」

「啊？我不是走神祕主義，只是更享受目前這樣的生活方式。沒什麼人認得出我，才能像現在這樣自由自在地逛書店、翻閱書籍呀。」

「哈哈，明白了。冒昧問一下，您下一本書的出版計畫決定了嗎？有考慮明年和我們出版社合作嗎？我們願意預支豐厚的稿酬！」

「嗯？」

「哈哈，我不是要您現在就給答覆。改天有空，歡迎來我們出版社喝杯茶，我們慢慢聊。」

他提出下次見面的邀約，我含糊其詞地回應，沒有給出明確答覆。

「啊，其實我最近正忙著寫稿……」

「哈哈，沒關係。不過請您記住，有很多作家排隊想跟我們出版社合作喔。」

「哦，這樣啊。」

初入文壇之際，我曾多次向各出版社投稿叩門，爭取出書的機會。如今情況反轉，越來越多出版社主動向我邀書。

看到合適的出版企畫案，我偶爾也會主動聯絡出版社。但當對方在電話中不斷以「全國首創」、「業界第一」等詞彙自誇時，就會讓我質疑自己是否多此一舉。

我對那些喜歡虛張聲勢、自吹自擂者的反感，總會表露在臉上。特別是初次見面就過分誇耀成就，我不太信任那種人。

這不僅是因為他們愛誇大其詞，更是因為過度炫耀的背後，通常隱藏著「見人說人話、見鬼說鬼話」的雙重標準。當你風光時，他們逢迎諂媚；當他們認定你失去價值時，就會立即無情翻臉，把你當透明人。

社群媒體已然成為炫耀和自誇的溫床。

在韓國，「社會階層流動階梯」的信念正逐漸消退，取而代之的是「經濟自由族」和「財務自由族」等詞彙。

Instagram、YouTube充斥著炫耀奢侈品的文章和影音分享，

「致富捷徑」或「實現財務自由的方法」等主題俯拾皆是。每當看到他們上傳那些引人注目的內容，我就不禁產生一些偏激的想法。

這些人利用社群媒體，真的只是想分享自己辛苦得來的成功祕訣嗎？若真的是致富法門，為何不自己獨享？

或許有人確實懷著朝鮮開國國君「弘益人間」的建國理念，熱衷於分享致富之道，但我卻覺得他們的過度炫耀，說不定是源自內心的匱乏。

難道不是為了遮掩自己缺少的東西，才誇大自己的小成就？真正實現財務自由的人會更低調生活，而非四處炫耀或隨意暴露自己的私生活。

畢竟成就越大，需要守護的東西越多。

那些教人怎麼實現財務自由的人大致可分為兩類：一是真

正成功並實踐人道主義之人，一是假借分享之名謀取私利之人。遺憾的是，第二類人占多數。

他們打出的口號和案例，不過是想宣傳自己的生意。但是，我們仍然常被這樣的言論迷惑。

當一個人手中揮舞著我們欠缺的東西時，我們就很容易失去理智。這並非因為我們擁有的太少，而是因為匱乏或根本沒擁有那樣東西，導致失去平常心，輕易受人迷惑。

在掩飾自身不足的過度炫耀面前，匱乏的心是如此不堪一擊。真可悲。

流行

世界的潮流

韓國社會變化之快，比起用「炸藥式韓國」，用「動態韓國」來形容更貼切。這點從咖啡市場即可見一斑。近來，韓國人的咖啡品味正悄然轉變，習慣了美式咖啡的消費者，正迅速轉向略微陌生的義式濃縮咖啡文化。

將微甜又微苦的濃縮咖啡一飲而盡，再將空杯層層堆疊起來拍照上傳，是社群媒體的最新玩法。

但是，這些「濃縮咖啡吧」幾年後能否維持高朋滿座，還是未知數。畢竟流行總是循環往復。

談到流行，我不得不提我的著作《解語之書》。有媒體稱這本書之所以翻紅，全歸功於社群媒體。

其實，這種說法不盡然正確。出版《解語之書》時，我雖有Instagram帳號卻鮮少使用。直到出版後，我才開始分享生活點滴，而當時追蹤人數不過區區幾十人。

大概在書出版後幾個月，這本書才在實體書店經由口耳相傳引起關注，銷量也穩定上升，之後越來越多讀者在Instagram或部落格分享讀後感。

至今我仍不太清楚，究竟是社群媒體捧紅了這本書，還是這本書具有流行的潛力，恰好藉由網路傳播出去，又或者這兩者是相輔相成的。現在想想，這種問題就像爭論先有雞還是先有蛋一樣，毫無意義。

雖然我的書曾偶然搭上流行的順風車，但諷刺的是，我對網路上那些引起短暫熱潮的行為、想法或內容一直都頗為遲鈍。不是不關心流行，只是我不會刻意追逐流行。

快速掌握流行，與同時代的人產生連結，是許多人產生安心和歸屬感的方式。但流行於我，卻是可有可無的最新資訊。

過分追逐流行反而容易依賴流行，生活終將依附於流行。這是我的個人淺見。

最重要的是，一味迎合世俗潮流或盲從多數，「自我」必將日漸模糊。

作為一名寫作者，我對這種情況尤為警惕。一旦文字失去了「自我」，句子的獨特性也會隨之消失。失翼之句將無法翱翔青空，只能在螢幕中倉促地結束短暫的生命。

相較於追逐流行，我更在意的是與流行保持適當距離，默默堅守自己的位置。

流行事物轉瞬即逝，不隨波逐流的事物卻能恆久不變。永恆的價值和意義，往往隱藏在那些不輕易改變的事物中。

偏見

經常失準的猜測

「世事在關係中流轉。人直到死去，方能卸除人與人的繫絆。唯有與人交流，才能引領我們通往超越人的世界。」

——《文字的品格》

計程車的收音機正播放著電臺節目，一名聽眾投稿分享自己的戀愛煩惱。主持人與來賓們有說有笑地討論著：

「我想大家都會同意吧？從小在愛中長大的人，長大後更懂得如何愛人，不是嗎？哈哈！」

一位來賓卻冷淡回應：

「您真的這麼認為？我不同意。」

聽到這句略帶鋒芒的發言，我不禁點了點頭。其實我在聽到主持人說出那番話時也想反問：

「難道小時候沒被愛過的人，就不配去愛人嗎？」

在情感敏感期被愛包圍的孩子，相較於缺愛的孩子更有安全感、也更熟悉「愛」這種情感，我並不否認這種觀點，也認為這是理所當然的。

但「熟悉愛」與「善於表達愛」是兩種截然不同的命題。童年沐浴在愛中的人，長大後也可能變得不擅長表達愛意；反之，童年缺愛的人或許會將愛視為無價之寶，因而用心經營每段關係，反倒成為一名「好情人」。

單純以是否曾經被愛去論斷一個人，這是一種偏見。

更不用說，「只有被愛過的人才懂得如何去愛」這種論調，必然會傷害到那些因故在童年與父母分離的人。

坦白說，我也曾在心中對某些人抱持強烈偏見，偶爾甚至會不假思索地吐露心聲，說出「不覺得那個人的工作態度很差勁嗎？」這類的話。

我的偏見偶爾與事實相符，但更多時候是錯的。當我和那些我帶著偏見看待的人相處後，經常會驚訝地發現：「原來這個人和我當初想的不同。」每當那種時候，我總會意識到自己的偏見是多麼可笑，羞愧到想找個地洞鑽進去。

偏見，正如字面上的意思，字典的定義是「不公平且帶有偏向性的想法」。大多數人都以自我中心看待世界，沒有人能完全免於偏見。人們容易將自己的不適感放大，卻對他人的困境置若罔聞。

某種意義上，偏見可以被視為一種「心理捷徑」。

我們希望快速判斷眼前事物、確認情況，於是本能地走上這條「偏見的捷徑」，並不斷加深那些偏頗的想法。

更糟的是，一旦走上狹隘的偏見之路，就很容易陷入慣性，難以脫離。

有什麼辦法能幫助我們克服偏見？哪怕無法完全克服，至少能讓人意識到自己正陷入偏見之中？

不久前，我從一位著名建築師的採訪文章中獲得啟發。他指出，韓國人之所以排斥和自己觀點不同的人，主因之一是缺乏實際交流的空間。他認為有必要增設更多設施，像是公園或長椅等等，讓更多不同背景的人能聚在一起相互交流。

他的主張讓我茅塞頓開。我們對某些人心懷敵意時會急於批判對方，但當真正面對面交流後，通常會改變原有的看法。

就算公園長椅一夜暴增，也不可能立即成為一個沒有偏見的社會，但假如這些用於交流的設施或場所比現在更少，人們內心的偏見只會日益壯大。到那時，這些偏見可能會變成吞噬掉整個韓國社會的怪物。

05

CHAPTER

沒有把柄的刀是危險的

過於炙熱的情感猶如沒有把柄的刀，

若肆意揮動，最先受傷的將是自己。

情感

是水也是火

水被譽為生命之源，火則被稱為文明的基礎。說人類的文明發展史，就是水與火的運用史也不為過。

人類一直受制於水火。全球災難頻傳，不是水患便是火災。在這科技最發達的時代，我們仍然拿水火沒輒。

也許正因如此，當我們面對時而如水般流動、時而似火般燃燒的情感，也經常顯得無力。就連最冷靜、最謹慎的人，也會有因為無法抑制瞬間爆發的情感而陷入險境的時候。

在內心起伏不已的情感，大致可分為「如水般的滲透」，以及「如火般的爆發」兩種。例如，悲傷和思念可歸為「水之情感」。當如水般流動的情感滲入心靈深處，我們會用不同以往的眼光去細膩觀察世界。這是因為濕潤的情感就像貼附於心靈之眼的隱形眼鏡，讓模糊的事物變得清晰，為心靈開啟全新的風景。

灼熱心靈的憤怒和憎恨，則可歸為「火之情感」。人們常說生氣時胸口燃起一團火，燃燒的情緒會將其他情感焚燒殆盡，被壓抑的情感在爆發的那瞬間，足以摧毀內心的平靜。

既然如此，像「愛」這種最為普遍的情感，又該歸入哪一類呢？是水，還是火？抑或兩者皆非？我認為，愛既是「水之情感」也是「火之情感」。奇妙的是，愛能在某些時候讓我們的內心變得無比柔軟細膩，也能在某些時候讓我們變得異常熱烈與單純。

我敢斷言，愛是唯一能構築一切，又能摧毀一切的情感。

憤怒

那些生活在憤怒時代的人

有些人在多數人都會發怒的情況下仍能保持冷靜，只在面臨危險、需要自我保護時，才會以適當的方式表達不悅。正是因為他們不將生命的能量浪費在不必要的情緒上，所以他們的表情總如風平浪靜的海面般平和。

這樣的人想當然少之又少，除非天生性格溫和或曾隱居山林修身養性，否則大多數的普通人都難以駕馭內心深處翻騰的憤怒和怨氣。

特別是憤怒，就像闖入心靈的不速之客，無法預測它何時會以何種姿態現身。一旦它來臨，我們便無法強行驅逐，只能適當地敞開心扉，讓這位客人隨時能自行離去。

然而，許多人被強烈的情感包圍時，反而會緊閉心門。這時無處宣洩的情感會完全占據內心，我們便會被它驅使，淪為情感的奴隸。

人們會忘記一個殘酷的道理：過於炙熱的情感猶如沒有把柄的刀，若肆意揮動，最先受傷的將是「自己」。

那是個悶熱潮濕、令人不適的夏日早晨。我在首爾弘益大學站入口附近攔了一輛計程車。

「司機大哥，我要到弘大正門。」

司機一聽，表情立刻變得僵硬，嘆了口氣說：

「唉！從這裡去弘大？」

他朝著空氣不停咒罵，抱怨開市的乘客坐這麼短的距離，代表今天一整天會倒大楣。那如機關槍吐出的髒話在車內四處飛散，令人窒息。

如果是平時，我絕不會就此罷休，早就反問：「你說什麼？」但考慮到當時就要遲到，而且下午還有其他行程，所以我匆匆付了車費就趕緊下車了。

下車時，我不禁搖了搖頭，試圖將那些髒話從耳中甩出。

多數韓國人看起來總像隨時準備發火，彷彿內心某處早已裝填「憤怒的子彈」，否則他們怎麼能如此迅速地爆發怒氣？

許多人動輒因小事而火冒三丈，比起努力平息情緒，他們更傾向於立即爆發怒氣，靠憤怒解決問題。在面對衝突時，比起提出合理解決方案的人，那些無理取鬧發火的人說話反而更理直氣壯。

另一方面，有些人則是找不到合適的方式或出口宣洩內心的怒氣，只能捶胸頓足，默默承受。

說我們正生活在一個「憤怒的時代」，一點也不為過。

問題是，在這樣的社會氛圍中，針對不特定多數人進行攻擊和仇恨的人越來越多。最具代表性的就是隨機犯罪——無緣無故攻擊陌生人的犯罪行為，或在網路上攻擊與自己持有不同意見的人，四處留下大量的惡意評論。

這些人在行為引發爭議或罪行曝光時，搬出的藉口總是大同小異：

「我太生氣才會那樣做，我本就不擅長控制情緒！」

那些人說不出具體的憤怒原因，以所謂的「間歇性暴怒症」為藉口開脫過錯，這真是不可思議。

退一萬步說，倘若他們真的控制不了情緒，那當他們面對馬東石那樣大塊頭的演員，或秋成勳格鬥家，他們依然會控制不住憤怒嗎？

說不定那些人不是真的無法控制情緒，而是選擇性地針對弱小對象，肆意宣洩積怨和扭曲的不滿。這種行為令人不齒。

毫無明確動機卻將憤怒發洩在社會弱勢者身上，這樣的人必然會受到名為「孤獨」的懲罰。因為周圍的人會將他們視為毒蠍，敬而遠之。

沒人願意與蠍子同行渡河，因為誰也不想冒著過程中被蠍子螫傷的風險。

那天我在弘大附近辦完事回到家，休息過後又準備出門參加一家醫療機構舉辦的捐贈者聚會。本來我打算搭乘大眾交通工具，但想到早上搭計程車的不愉快經歷，最後決定自己開車前往。

車程約莫三十分鐘。抵達活動會場後，我與一位經常上電視的人氣醫生同桌，他熱情地提起自己讀過我的書。

「您書裡有句話說：『話語也是一種醫術』，我對此深有同感。就是因為這樣，我常問來看診的患者，最近有沒有放聲高歌過？」

我覺得很有意思，反問：「您指的是唱歌嗎？」他解釋說，雖然這不是有根據的醫學見解，卻是他從多年的工作經驗中總結出來的心得：

「我覺得一直把負面情緒悶在心裡，不只會影響心情，連身體也會出毛病。所以我都會問病人，是不是常把情緒憋在心裡？平常都是怎麼抒發心情的？」

壓抑負面情緒有害健康，人盡皆知。問題在於，要將內心堆積的殘存情感像丟垃圾一樣扔掉，談何容易？聽完他的話，我懺悔地說：

「說真的，我也很想敞開心胸，把那些強烈的情緒都發洩出去。可是我就是沒辦法原諒那些惹我生氣的人，也沒辦法放下那些煩人的事，覺得自己好像一直背著一塊大石頭，甩都甩不掉。」

「其實，我以前也曾經氣到想要找人報仇。不過經過了很多事之後，我選擇原諒對方，那時才突然感覺到整個人都放鬆了。我才發現，原諒和生氣不一樣，只要真正做到一次就足夠。」

憤怒是有慣性的，一旦在某種情況下失去理智、大發雷霆後，未來遇到相似的情況就很可能再次爆發。如果不斷斷這個惡性循環，一輩子都將受制於憤怒。

更何況，人內心的能量並非取之不竭、用之不盡。有限的能量彌足珍貴，要是全部用於釋放憤怒，真正應為「自己」使用的能量就可能會被耗盡。

開車回家的路上，我不禁回顧過往，想起那些無法抑制怒火的時刻，以及那些引發怒火的原因。

腦海中，一些事件和幾張臉龐一閃而過，但我卻不太記得自己當時憤怒的原因，以及對方究竟犯了多大的錯誤才讓我爆發如此強烈的情感。曾在我心頭燃燒的憤怒已隨著歲月流逝，連過往的痕跡也無從尋覓。

我帶著些許尷尬的微笑，透過後視鏡端詳自己，收音機恰巧傳來我曾經很喜歡的歌手尹尚的〈奔跑〉（달리기）。

「我上一次放聲高歌是什麼時候呢？」

我張大了嘴，隨音樂高歌，就在那一刻，曾經纏繞於我心頭、折磨我的炙熱情感，透過歌聲一點一滴地被我送走。

指責

那些努力摧毀別人生活的人

只為尋找他人缺點而費盡心機的人，是世上最不幸之人。因為他們不曾追逐「自己」的人生，而是追逐著「他人」的人生，總是徘徊於時間邊緣，因而虛度一生。

——《說話的品格》

觀看圍棋賽直播時，解說員老是說：「不能只想著眼前的好處，這樣反而會讓周圍的形勢變得脆弱，應該下得更『厚實』一點。」

我對這裡的「厚實」一詞感到陌生，查了字典才知道是「穩健而可靠」的意思，但還是一頭霧水。像我這樣的圍棋外行，很難明白這種專業術語的含義。

我的習慣是碰到不懂的詞就去找它的反義詞，這能幫助我更準確地掌握它的意思。於是，我上了韓國國語院的《標準國語大辭典》網站查了「厚實」的反義詞，發現是「淺」或「薄」的意思。

啊，這下我總算搞懂了。就是說下圍棋時，若只顧著攻擊對手，自己的地盤就會變得鬆散和不堪一擊，休想贏棋。

要是把圍棋這個道理套用到人生呢？

生活中難免會跟他人有競爭。這時，若整天只盯著別人挑毛病，就會無暇審視自己。缺乏自我反省和自我客觀化的人，無法意識到自身的不足。如此一來，既沒辦法彌補弱點，也拓展不了人生的領域，遇到危機時將會不堪一擊。與此相反的，則是追求「厚實」的人生。

然而，不懂得讓自己的人生更「厚實」，天天想要破壞他人生活的人到處都是。

這樣的人並不在遠處，就在我們身邊。比如，有些人最愛先說一句「你不要太介意喔」，隨後開始說一堆傷人的話，享受貶低他人的快感。

如果有人反駁說：「我身邊沒有這樣的人！」那麼我希望他能靜下心來仔細想一想。

俗話說「當局者迷」，人們總是善於挑剔別人的毛病，卻看不見自己的問題。有些人甚至沒發現，自己可能就是那個熱衷貶低他人的人。當然，我相信我的讀者中不會有這樣的人。

我一直很好奇，大多數人似乎都嚮往不受他人干涉的生活，但為什麼老是有人對別人的生活指指點點，或用惡意的話語破壞他人的心情？難道他們真的以為這些頻繁的干涉就是「關心」？

絕非如此。若是真心為對方著想，在給建議之前應該先顧及對方的感受。

在我們每天接觸的匿名網路世界裡，偽裝成指責的仇恨和憎惡的語言，就像浮游生物般四處漂浮著。

我在二〇一六年出版的《解語之書》意外翻紅、重新衝上暢銷書排行榜之際，某天我在Instagram看到這樣的留言：

「臭小子，你的書完全不合我的胃口。如果我是作家，我才不會寫這種爛書。趕快封筆吧！」

坦白說，在《解語之書》出版之前，網路上根本沒有我的惡評，因為那時候我只是個沒人認識的作家。

然而，隨著這本書被更多人所熟知，情況就不一樣了。看我書的人變多了，留下如詛咒般惡評的人也變多。我根本不知道那些人是誰，也無從得知他們留下那些難聽話的目的。每次看到那種留言，我只能無奈苦笑。

但我沒有被動搖。幾句罵人的話，絕不可能澆熄我對寫作的熱情。

當看到或聽到一些陌生事物時，
有人會坦然接受自己的無知，
有人卻會拿不懂當理由進行指責。

後者通常無法接受與自己不同的事物，而且喜歡隨意評判他人的生活。這可能不是性格的問題，而是因為他們內心缺乏平靜，所以無法包容他人。

正如站在搖晃的船上眺望外頭時，會以為整個世界都在搖晃一樣，從混亂內心發出的惡言惡語，本身就缺乏合理性和正當性。對於那種話，不必感到沮喪。將人生的舵交給那些對自己不友好的人，無疑是不智之舉。

當負面評論接連出現時，我堅定發誓，我這輩子都不會放下筆。從那天開始，我將這句話深深刻在心裡：

「唯有不為他人的讚美或批評動搖的人，才能在自己的領域中長久耕耘！」

儘管與難聽的惡評稍有不同，但在網路上自稱老師，隨意指責和訓誡他人的言論，也同樣汙染了網路環境。

最近，在Instagram或YouTube上經常能看到「給超級內向者的嗆辣建議」、「想變外向就先改造你的個性」之類的文章。

我偶爾也會看到，但過目即忘。內向或外向，無非性格差異，並無優劣之分。更何況人的性格就像魚鱗一樣，觀看角度不同，就會閃爍不同的光芒。非黑即白的二分法，或僅憑片面資訊就妄下定論，本身就不合理。

所以，別再說三道四、多管閒事了，大部分的人不都按照自己的方式過得很好嗎？

「指責」一詞蘊含著「明確指出」的意思，因此指責的言語應當簡潔明瞭。

但有些人一發現他人的缺點，就像看到敵人一樣拔刀相向，想到什麼就說什麼，胡亂批評一通。

他們為什麼會那麼做？是因為覺得自己擁有超群的常識或過人的口才？我認為是他們未能掌握遣詞用字的分寸，才會一直指責他人。

善於表達的人在交流時，能夠精準且不囉嗦地表達自己的想法和感受。就算是要指出別人的問題，也懂得只說需要改正的地方，既不會讓對方不舒服，也不會說太多廢話。

反過來，不太會表達的人，由於沒辦法直接傳達自己的想法和感受，反而會講太多不必要的話。在指出別人問題時，本來用簡單的話就能說清楚，卻總要加上一堆多餘的解釋，變得冗長拖沓。

那些看見他人缺點就習慣性要指責的人，既不是能言善道，更不是心胸寬大。反之，他們其實不善言詞，且自我認知不足。

一言以蔽之，就是不了解自己的人。

建議

那些明明不太懂卻說懂的人

近日，一位朋友向我尋求建議，但我婉拒了。一方面是因為超出了我的專業範疇，另一方面我自認沒能力提供有價值的建議。

這讓我想起初入職場時的一段往事。那時我剛進入一家新聞媒體工作，曾向一位前輩請教有關職場生活的建議，沒想到他冷淡地回答：

「起周，你是不是最近在公司過太爽啊？工作太輕鬆才有閒工夫煩惱這些事。」

我沒想到平日相處融洽的前輩會對我冷嘲熱諷，難道是想讓我反省自己過於安逸的態度？不管出於什麼原因，他花了整整一小時對我進行單方面的說教。

前輩的苦口良言讓我受到不小打擊，以致一段時間內我在公司裡畏畏縮縮。連我這個一向信奉「良藥苦口」的人，內心也出現了裂痕。

現在回想起來，前輩的話並沒有惡意，大概只是基於責任感，覺得有必要給出一番像樣的忠告吧。

幾年後，類似的情況再次發生了，這次角色互換。一位公司後輩向我請教職涯發展的建議。

因為想滿足後輩的期待，我不自覺地滔滔不絕，說了一堆貌似有道理的話，但事實上，我和他一樣對未來充滿憂慮。

那天後，縱使有人誠懇地向我求教，我也不再輕易地給出建議，而是靜靜地聽對方訴說或者簡單回應幾句。

即使面對比我年輕、資歷尚淺的人，我也不再隨意干涉指點。說真的，我有時都搞不定自己的人生，哪敢輕率地為他人解惑？

人生當然有需要他人真誠建議的時刻，每個人都會遇到自己看不透，也無法憑一己之力克服的「人生盲點」。但不可否認的是，絕大多數我們面對的日常困境，能憑他人幾句建議就迎刃而解的少之又少。

更多時候，建議的效果有限。

我們在生活中經常與形形色色的人交流，偶爾會透過「談話」這扇窗窺探他人的日常，還會情不自禁地想要插手他人的人生。

有些人再怎麼想插嘴也能保持沉默，但有些人則倚仗自身成就或社會地位而任意給予建議。一般來說，後者自認在各方面都勝人一籌。

對那些自信滿滿或沉浸在優越感、急於給人建議的人，我習慣保持一定距離。因為源於優越感的建議通常缺乏真誠。

最重要的是，不尊重我的人，說出的話不可能是真心的。

幾年前，我正在籌備《心靈的主人》一書。有一天，我在教保文庫書店看書時，一名中年男子向我打招呼。

「請問您是李起周作家嗎？」

「是的，您好。」

「我從事出版行銷工作，聽說您最近在準備新書？」

「是的，我正在籌備一本散文集……」

「您上部作品成了暢銷書，新作的壓力一定不小吧？」

「說完全不期待是騙人的，不過我早就把『暢銷書』這個詞拋到腦後了，也不會為了滿足欲望而勉強自己，所以倒沒什麼特別的壓力。」

「您太謙虛了！其實，我在這一行的資歷比您深，見聞也更廣，所以想給您一些建議。您已經取得了很大的成就，不妨放寬心、專心寫書就好。這不是因為我不信任您的能力，只是這行的競爭者不少，大家都在防著您呢……總之，祝您順利完成新書出版，加油！」

「啊，好的……」

結束了那段空泛的對話後，我走出書店，而他口中的「放寬心」仍迴盪耳邊。

大事當前保持平常心，這恐怕沒人會反對。但問題是，把欲望和雜念拋開，真有說的那麼容易嗎？我不禁懷疑那些勸人「放寬心」的人，又有多少人能真正做到心如止水？

況且「放寬心」這種建議通常沒什麼幫助，很多人反而因為覺得必須清空內心，達到所謂的「白紙狀態」，結果更加緊張，徒增壓力。倘若對方聽完建議，心情反而更沉重，那還不如不說，對吧？

這就像駱駝在沙漠裡負重前行，只差最後一根稻草，就會讓牠徹底不支倒地。人心亦然。

他人出於好意給的無謂建議，常會讓我們的內心變得沉重如鉛。這正是給出建議應該謹慎的原因。

迫切

只在上坡運作的引擎

電影《新天堂樂園》的主角多多，放學後總愛奔向廣場上的老電影院。他在那裡與放映師艾費多建立了深厚的情誼，並被電影的魅力深深吸引。

成年後的多多聽從艾費多的建議，打算離開家鄉去體驗更廣闊的人生閱歷。在電影院火災中失明的艾費多，告別時在火車站擁抱多多，叮囑他不要眷戀家鄉。

他期盼多多能過得比自己更好，因而狠心道：

「多多，你絕不能回來，你必須徹底忘記這裡的一切！不要寫信，不要陷入鄉愁，忘記這裡！要是你忍不住回來，我永遠不會再見你，明白嗎？」

有人認為只有像電影中的艾費多那樣懷著迫切心情的人，才能接近人生的目標。這種觀點並非毫無道理。雖然不是每個實現夢想和目標的人都曾經歷迫切的時刻，但有些目標確實需要強烈的渴望才會達成。

迫切的心就是真誠，而真誠正是助我們克服逆境的動力和引擎。

近日，我在報紙上讀到一位小說家的訪談，當中談及「迫切感」的一段文字讓我印象深刻，特意畫下重點。他提到，因為飽足感會妨礙寫作，所以他每天只吃兩頓飯。

這是否代表適度的飢餓感能激發寫作靈感？恐怕不盡然。

我認為他的意思是：生活過於安逸、飽足，就會失去迫切感。

這與我的想法不謀而合。對創作者來說，適度的、不會過分痛苦的飢餓感恰似一種創作燃料。越是懷著迫切心情投入創作的人，越能喚醒內心的感官，展現出敏銳的情感。

倘若「迫切感」這傢伙能如影隨形地依附在我們內心，那當然再好不過，但現實往往事與願違。

無論是創作者，還是依靠大眾人氣謀生的演員和歌手，在默默無聞的時期都會懷著迫切的心情，傾全力投入工作。可是，一旦擁有了一定的知名度，他們會逐漸放鬆過去緊握的人生轀繩，「迫切感」自然而然從心中消失。

那麼，假使獲得成功與認可後，主動放棄安逸，把自己推回困境，是否就能讓「迫切感」這一引擎持續運作呢？

答案我並不清楚。可能會有人抱持這種想法，但能付諸行動的人恐怕寥寥無幾。

「迫切感」這個引擎，只有在上坡時才會啟動。不管是佇立山頂，還是走在下坡路，這臺引擎都不會運作。

更何況，若「迫切感」不停運轉，那麼承載它的心靈總有一天也會過熱，在某一瞬間會因為無法承受而徹底毀壞。

更好的做法是，在到達顛峰、進入下坡之前，必須及早尋找能取代「迫切感」的東西。

就算是同一條路，下坡的速度也比上坡快，並且視野會越來越狹隘，許多原本清晰可見的事物將變得模糊。所以，攻頂時別只盯著前方，還要環顧四周，尋找能替代「迫切感」的新動力。假如拖到下坡才開始尋找，那就為時已晚。

後悔

選擇的副產品

「我此生無憾。」

步入暮年的人，或在某個領域經歷過風雨的人說出這樣的話，人們通常會點頭認同。並非因為全然相信他們說的，而是眾人明白，要活出無怨無悔的人生，簡直難如登天。

人生旅途的岔路無處不在，但真正困難的不是抉擇本身，而是抉擇後的旅程。當我們經歷種種波折，終於跨越抉擇的關卡踏上未知道路時，經常會遇見名為「後悔」的障礙。

可以說，後悔是選擇的副產品。沒有任何一種選擇，能完全避免「或許我不該做這個選擇」的想法。

當後悔拖住我們的腳步，勇氣與恐懼便會在內心深處展開拉鋸戰。然而，勇氣不是每次都能戰勝恐懼，因此我們時而虛度光陰，時而在人生旅程中迷失方向。

那麼該如何逃離後悔築起的牢籠？

諷刺的是，我們必須穿越另一扇選擇之門。在更深的後悔與未知的新路之間，我們必須再次抉擇。唯有推開選擇之門，才能真正擺脫後悔的牢籠。

暴富

天降橫財

需要破殼而出的不只是雛鳥，金錢也需要「破殼而生」。金錢要突破的「殼」，是那些舊有制度或生活中司空見慣的不便。

相傳江原道旌善一帶的商人，曾經果斷打破覆蓋在金錢上的殼。他們利用河流與漂浮木筏運送木材，這在當時堪稱革命性的創舉。商人們由此獲得巨大的財富，韓國的「暴富」一詞，據說正源於這件事。

古今皆然，只要傳出某人突然暴富，人們必然蜂湧而至，試圖分得一杯羹。

當年那些靠木筏致富的商人，想必也被不少阿諛諂媚之人包圍。但是，在建立或維持人際關係上，金錢這個媒介未必每次都能發揮良好效果。或許當時有些商人，也曾因為金錢問題與昔日摯友鬧得不愉快。

讓我們發揮一下想像力，說不定他們有過這樣的對話：

「聽說你靠運送木材賺了大錢，恭喜！不過我今年因為洪水，莊稼全毀了，繳不出稅，現在急需一筆錢周轉，能不能幫我個忙？你常說朋友要拔刀相助。」

「嗯……你還記得幾年前我缺錢買木材，向你借過錢嗎？當時你一口回絕，那時我就明白了。別拿朋友應該拔刀相助這種話跟我談錢。」

「哎喲，看來你發大財以後，人也變了！」

我很好奇，人在賺了大錢後真的容易變嗎？還是我們看待暴富者的眼光變了，所以才輕易下出這樣的定論？

金錢確實可能讓一個人在短時間變得不同，但我認為更多時候，它只是將人的本性和性格徹底揭露。

就像舞臺上的演員在獨白時，聚光燈會將演員的臉龐照得分外清晰。

心理學家卡爾．榮格（Carl Gustav Jung）曾說，人擁有千張面具，並且會根據情境選擇使用。

正如他所言，現代人極少赤裸裸地展露欲望和本性，更常藉由層層面具巧妙掩飾，以順應社會的規範和秩序。

當面具所掩蓋的真實面貌與面具本身相去甚遠時，人就會迷失自我。而那些懂得縮小差距或巧妙維持面具的人之中，不乏社會成功人士。

但面具只是掩蓋臉龐的工具，雖能完美遮掩卻永遠無法取代真實的面容。一旦面具與臉之間出現一絲縫隙，金錢的風就會無情鑽入。

尤其當巨額財富襲捲而過時，曾緊貼臉龐的面具就會輕易墜落，隱藏其下的真實面目便會暴露無遺。屆時，人們就會開始流傳閒言閒語：「賺了點錢就變了個人。」無人能倖免。

貪欲

應該放下與不需要放下的

從前，有一個多次名落孫山的書生決定放棄功名、皈依佛門，因而獨自前往位於深山裡的一座寺廟。住持在寺門前打量著他，緩緩搖頭：

「施主，把你帶來的東西都放下再進來吧。」

「什麼？我空手而來啊……」

「空手？」

「我什麼都沒有，所有東西都已經放棄，您還讓我放下什麼呢？」

「是嗎？那就繼續『提著』吧，呵呵。」

隨著經濟前景越來越不明朗，社會處處都築起了難以逾越的高牆。與其寄望未來某天可能降臨的巨大幸福，越來越多人選擇從當下的點滴幸福中享受小確幸。

就像寓言中的住持一樣，現實中也有很多人喜歡說：「放下欲望，才能得大自在。」他們總是勸人不要太過執著，要放下期待和貪欲、放慢腳步、降低目標，不要對未來抱持過多不切實際的幻想。

這樣的建議，我聽到耳朵都長繭了。「放下」，真如他們所言的那般簡單嗎？若人人都能輕易做到，又怎會有那麼多書籍和講座宣揚「放下才能讓心靈平和」呢？

「放下欲望」的忠告並非放諸四海皆準。例如，一些在某領域取得非凡成就的名人，在為初學者開設的講座中常說「不要貪心，要滿足於當下」。這番話很容易被理解成：「別太執著，現在這世道，逐夢不踏實。」這無疑都在打擊聽者的熱情和冒險精神。

說到這裡，有人可能會想問：「李起周作家您的意思是，您已經徹底放下了欲望？還是說您仍然拚命追逐它？」

假如有人當面這麼問我，我會這樣回答：「其實，我從某個時候開始『放下』了所謂的『放下』。」

因為我意識到「放下」並不容易，所以我從此不再浪費精力去強行清空那些我根本無法割捨的念頭。有時我也會迷惘，不確定某些欲望是否真的該放下。每當那時候，我會將所有欲望一一列在白紙上，將那些我認為我能放棄的，用鉛筆打叉並從心裡移除；而對那些無法割捨的，我會在下方畫線，同時也在心裡註記，並且開始思考實現的方法，努力朝著那些目標前進。

擁有

有開始卻沒有結束的旅程

每個人都有想要擁有的東西。問題是，哪怕真的得到了，占有欲也不會因此得到滿足。我們費盡心力抓住了夢寐以求的目標，卻又開始追逐相似但卻更大、更耀眼的目標。擁有，是一場只有起點卻沒有終點的旅程。在觸及心中渴望之物的那一刻，它就會化為永遠無法真正擁有的東西。唯有接受這一令人感傷的道理，我們才能坦然面對這個信任與背叛、成就與挫折交織的人世。

黃金

鐵斧頭或金斧頭

從前，有兩個要好的年輕人，他們打賭誰能在深山中待得更久。他們斷絕與外界的聯繫後，在深秋時節一同入山。夜晚降臨前，他們需要準備好柴火，正當他們在山中四處尋找時，山神現身擋住了他們的去路。

「你們因何踏足此地？」

兩人急中生智，編出了聽來合情合理的答案：

「我們入山是為了放下心中所有的欲望，潛心修行。除此之外，別無他求。」

「很好，我姑且相信你們。不過，來到這座山，每人只能擁有一把斧頭。今日，我贈與你們各一把斧頭，自己選吧。這裡有鐵斧頭和金斧頭，你們要哪一把？」

兩人各自選了不同的斧頭，並約定在森林的兩頭度過寒冬。臨別之際，他們異口同聲喊道：

「我一定能撐得比你久！」

不久，凜冬降臨山野，整座山被皚皚白雪覆蓋。幾個月後，冬天悄然遠去，暖融融的春天到來。

凍結的大地開始融化。握著鐵斧頭的年輕人，從木頭搭建的簡陋小屋中蹣跚走出。他抬手遮擋刺眼的陽光，仰望著藍天。他搜遍整座山，為的是找到朋友。數日後，他在森林中央發現朋友的屍骨，而屍骨旁，失去主人的金斧頭正靜靜地在陽光下閃閃發亮。

事情是這樣的：選擇鐵斧頭的年輕人安然度過了寒冬，而選了金斧頭的年輕人卻沒能捱過冬季。因為金斧頭過於沉重，他根本舉不起來，更別說用來劈柴或砍樹，所以缺乏度冬的柴火。初冬時，他還能撿拾枯枝來生火取暖。但隨著嚴寒襲來，他再也撐不下去。寒氣一點一滴滲入骨頭，他的身體就像被霜雪壓斷的樹枝那般碎裂了。

到頭來，他在飢寒交迫中死去，手中仍緊握著未曾揮動過的金斧頭……

06

CHAPTER

每個人都背負
不同的生活重擔

用未來會變得更好的信念支撐心靈、

忍耐當下的生活，

這比單純的等待更有意義。

變化

即將到來的和正要消失的

無論是為了減肥還是抗議不公，絕食都需要強大的耐力與自制力。然而，在卡夫卡（Franz Kafka）的小說《飢餓藝術家》中，主角把絕食視為稀鬆平常的事，純粹是因為他找不到合口味的食物，所以動不動就絕食。

這位主角憑藉幾十天滴水不進的「絕食秀」迎來事業顛峰，可惜時代變遷，人們不再對這樣的人體表演感興趣，反而開始感到厭惡。就在他還來不及適應時代變化之際，猛獸已經取代了他的舞臺，人們改為動物的演出歡呼喝采。

這是個瞬息萬變的世界。我們周遭的一切都在快速變化，唯一不變的是我們內心希望某些事物能保持原樣的渴望。

不久前，我在日常生活中嘗試了一些小小的改變。

新冠疫情爆發之前，我常和母親去家附近的超市採買食材。但自從母親因新冠肺炎後遺症導致身體欠佳，情況發生了變化。由於行動不便，她很難再出門，買菜的責任便落到了我身上。獨自完成過去與母親一起做的日常瑣事，心中總感到一絲空虛，對於去超市這件事也提不起勁。

經過一番思量後，我決定改變以往購買食材的方式，使用「Market Kurly」生鮮配送平臺。

那天我在手機上安裝了平臺的應用程式，和母親一起坐在沙發上，盯著手機討論該買些什麼。

「起周，這條鯖魚，照片和實物應該不會差太多吧？」

「我不清楚，要不要先買一條試試？」

「嗯，就這樣做吧。唉，我得趕快把病治好，這樣才能像以前一樣一起去超市，親自挑菜……」

有些腦科學家認為人腦天生抗拒變化，會本能地迴避未知，追求穩定。然而在這個時間有限的人生裡，沒有人能完全躲開變化的漩渦，我們或主動或被動，都不得不面對一波又一波的劇變。

變化大致可分為兩種類型。一種是如潮水般的外部力量，有些人會對此感到興奮，但更多人會感到不安。他們會害怕自己無法跟上腳步而被時代淘汰，於是像魚一樣拚命掙扎，努力適應變化的浪潮。

另一種則如退潮般無聲無息，將一些東西從我們身邊悄然帶走。一些原本習以為常的人事物，轉眼間便從身邊消失，不知不覺遠離到再也碰觸不到的地方。面對這樣的變化，誰都會忍不住落淚，並且企圖緊抓逝去的事物。因為這種變化帶來的不是期待，而是深深的惆悵。

但是，變化就像退潮一樣，也帶來了正面影響，特別是在拓展人生的寬度上。

當我們被熟悉的事物包圍、享受安穩之際，內心通常是風平浪靜的。唯有當這些熟悉的東西被剝奪、我們被失落感折磨時，內心才會激起情緒的波濤。正是這些澎湃激盪的情感，在猛烈撞擊心靈之牆而崩裂的瞬間，才產生了足以改變人生軌跡的契機和動力。這正是人生最殘酷又最諷刺的地方。

全力

有些事無論多努力還是做不到

某天，我去家附近的超市購買一些必須親自挑選的食材。在我推著購物車穿過收銀臺時，我注意到前方一對看似夫妻的人正在嚴肅地交談。

女人輕嘆一口氣說：

「親愛的，繼續拖下去不行，我們盡快決定吧。」

男人沒有回答，只是側過頭望向落地窗外的風景，沉思片刻後無力地說：

「我以為只要盡力就不會失敗，但事情卻不如我願。創業新手想在這行生存真的太難了，是不是該放棄了……」

雖然我猜不透他提到「失敗」、「放棄」這些字眼的具體原因，但這些詞彙卻是每個人生命中的常客，所以我不禁點了點頭。

沒有人沒經歷過失敗，沒有。
世上成功者永遠是少數，
失敗者才是多數。
或許失敗才是生活的本質，
而不是成功。

不過，每個人面對失敗的態度和看法各不相同。有人能從失敗中汲取教訓；有人在慘敗面前依然保持冷靜，重燃挑戰的鬥志；也有人因為無法承受失敗，深陷在挫敗感中，久久無法自拔。

我突然想起中學時期，教室牆上那句醒目的標語──全力以赴──時時提醒我們努力的重要性。

曾幾何時，我也懷抱過那樣的信念，將它作為逐夢的動力。但直到畢業進入社會，我才恍然大悟，那樣的口號何其空洞無力。

我並非否定全力以赴的價值。努力與堅持的重要性依然不變，但人生中不必事事竭盡全力，有時候適度保留也是必要的。

隨著各領域競爭日益激烈，純粹靠努力就能達成的目標越來越少，而單憑個人之力難以企及的事物卻越來越多。「只要做，就一定行」這類口號雖能激勵人心，但如果過度相信，反而會對瞬息萬變的現實無所適從。

況且，人不是機器，不可能把精力平均分配到每件事上，做到事事全力以赴。有些事情需要集中火力完成，有些則該有所保留，採取更務實的策略，為下一次的挑戰保留餘力。

因此，當反覆失敗讓身心疲憊不堪時，與其像擰毛巾般榨乾最後一滴力氣、耗盡所有能量，更明智的選擇是果斷放棄無謂的堅持，及時止損，為未來做好準備。

當然，想要藉由「明智地放棄」來迅速釐清局面，這需要比「起步開始」更大的勇氣。

幸運

我們執著於運氣的原因

最近在大型書店裡，總會看到收銀臺旁邊擺滿與「運氣」相關的書籍。這些書多半聲稱能教人如何旺運，宣稱即使一輩子都很倒楣、未曾實現過願望的人，只要學會掌控運氣，一夜之間就能化身幸運兒擁抱成功。

每次看到這些書，我都會好奇，光靠努力就能讓好運來敲門嗎？個人的付出和心態，真的能改變運氣的流向？

無論如何，這是一件很有意思的事。在文明進步的現代社會，「幸運」和「不幸」仍舊是人們天天掛在嘴邊的詞彙。

人們這麼在意運氣，也許正反映出這樣的現實：就算事先謹慎規畫，並且努力去做，事情也未必能如願以償。所以，越來越多人寧可寄望幸運之神的偶然眷顧，也不想堅持不懈地追求目標。

幾年前的我，聽到成功人士的演講或採訪中談到運氣，總是會全神貫注地傾聽，對他們的言論不由自主地點頭稱是。

不過，最近我的想法變了，我不再相信只要努力就能召喚幸運。

行善能積福，行惡會折福——真的是這樣嗎？

這種說法乍聽下像是勸人向善的書籍裡會寫的內容，可惜現實世界不是這樣運作的。

在人類社會中，有人畢生兢兢業業，卻始終未能在自己的領域發光發熱；反觀那些行事不端正的無恥之徒，卻不乏一夕之間成為幸運兒的例子。運氣如此捉摸不定，什麼時候會來、又會帶來什麼影響，我們無從得知。既然如此，又怎能妄言可以隨心所欲地控制它，或恣意享受它呢？

我對召喚幸運的方法興趣缺缺。我既不寄望運氣，也不相信努力就能掌控運氣。

但我倒是認同運氣的本質是「流動的」這個說法。「運」字本身就蘊含「轉移」、「移動」的意思。

運氣時時刻刻都在流動。昔日的好運無法保證以後都會一帆風順，突然降臨的厄運也不會籠罩一生。

人們常將幸運與厄運視為對立，認為幸運降臨時就不會遭遇不幸，而不幸之人則注定與幸運無緣。

事實果真如此嗎？若真是這樣，幸運和厄運就不該同時出現在我們的生命中，就像硬幣的正反面不可能在同一時間出現一樣。然而，在現實生活中，幸運和厄運相伴出現的時刻卻是屢見不鮮。

許多時候，福禍相伴，幸運中暗藏著不如意，不幸中則悄然埋藏著幸福的種子。

幸運和厄運不是對立的，更像是拍打人生海岸的兩種浪濤。

交織的幸運和厄運迎面而來時，我們選擇性地朝其中一方靠近，因此對那一方的感受格外強烈。當我們沐浴在幸運的浪濤中，就容易忽略厄運的存在；反之，當被厄運的浪濤淹沒時，則無法察覺其中暗藏的幸運。

我們需要把心中對於「運氣」這個模糊的概念清空。

這樣一來，不管是遇到好運或厄運，就能保持平常心。既不會因為突然走運就得意忘形，也不會因為一夜之間走霉運而過度消沉。說到底，只有不執著於運氣，我們的生活才不會被運氣束縛。

運氣不是扎根某處、至死不動的樹木。
它更像停於樹枝，梳理羽翼的鳥兒。
運氣會振翅而起，穿梭於樹木之間。

浪潮

不停流逝的歲月之河

我在ＫＢＳ節目《金永哲鄰里走透透》（동네 한 바퀴），看到一位白髮蒼蒼的老太太向主持人傾訴藏在心底的往事。

老太太平靜地說著，她的丈夫與長子因為酗酒生病，先後撒手人寰。

「你知道我有多恨酒嗎？我恨酒恨到發瘋……」

但是她也坦言，為了養活小兒子，她別無選擇，只能在家裡釀酒拿到市場賣——她痛恨的酒支撐了她的生活。當老人回憶往事時，眼皮微微顫抖，那些深埋心底已久的淚水奪眶而出，撲簌簌流下來。

人們常以河流比喻人生，兩者之間確實極其相似——都是無法回頭的單向旅程。

正如順流而下的河水無法推動上游的水一樣，無論多麼懊悔，已經發生的事情都不可能逆轉。

河流或人生都難以捉摸。河面時而在微風輕拂下平緩如鏡，時而因故驟然翻騰，變得湍急洶湧。

充滿不可預測的還有人生。沒人能預知自己的未來，我們能做的，就是在腦海中描繪出「希望人生朝這個方向前進」的願景，然後堅定地前進。

此外，構成河流與人生的元素，從來不全是純淨美好的。

清流和濁水交融，最終匯成磅礡水勢，奔湧向前。

人生也是如此。有時推動我們前行、航向人生下游的，是令我們黯然神傷的事物，而不是我們深愛的事物。

有時，讓人心安的事物不是推動生活前行的動力，反倒是那些讓人不安的際遇會成為支撐人生的力量。

那些曾帶給我們極大創傷的人與經歷，會賜予我們最深刻的洞察與判斷力。這份領悟，唯有經過歲月的沉澱才能體會。

孑然

有些過程必須獨自經歷

週末夜晚，全家人聚在客廳一起看電視劇。沒多久，母親和弟弟紛紛打了哈欠，說要先去睡了。剩我一個人時，原本覺得有趣的劇情頓時失去了吸引力。

有些事情，只有和他人一起經歷才能放大其中的意義和樂趣。如果是獨自一人，樂趣便會減半，而且轉眼就消散了。

但也有些事情恰恰相反，唯有獨自完成才能提高效率，盡享其中樂趣。

寫作便是如此。寫作的本質是傾聽自己內心深處的聲音。雖然我們偶爾會聽取其他作家對寫作的建議，嘗試與人交流獲得靈感，但將腦中思緒化為文字這件事，卻無人能代勞。

我不清楚其他作家如何，至少對我來說，唯有遠離人群，走入「自願的孤獨」，我才能發現身為作家的「自我」，進而捕捉靈感。

這種孤獨不只是暫時跟他人保持距離。它是一種主動選擇的獨處，為的是透過文字與孤獨彼端的人對話。

多年前的一次書店簽售會上，我曾與一位讀者分享過類似想法。當時，一位看似有志成為作家的年輕人突然問我：

「您能否簡單地告訴我，要如何成為作家？」

若是私下場合，我說不定會花更多時間與他深入交流，但由於當時環境所限，我只能如此回應：

「這不是一個三言兩語能說清楚的問題，但既然您想聽，我可以簡單地回答。」

「是的，簡單幾句話也好。」

「好的。我想建議您，不妨將剛才的問題從『他人』的角度轉向『自己』。與其試圖通過一個簡單的問題，輕鬆獲得他人辛苦找到的答案和道理，不如問問自己：『真的是這樣嗎？還有其他辦法嗎？』通過不斷向自己提問，才能逐漸找到屬於自己的答案；唯有通過自我提問得到的知識和資訊，才能引領自己邁向作家之路。這是我現在能給您的全部建議。」

「自我提問？問我自己？」

和過去不同，現在已是人人皆可成為作家的時代，寫作與閱讀的界線早已不復存在。

只是，出版一本書的難度卻超乎想像。出版市場的現況並不樂觀，而渴望出書的人與日俱增，但閱讀的需求卻停滯不前。有人打趣說，大概不用多久，作家數量就要超過讀者了。

對出版社而言，除非作者的經歷與眾不同或作品格外出色，否則他們沒有理由投入成本去出版一位無名作家的作品。

在這樣的背景下，市面上湧現許多類似《贏得編輯青睞的神奇法則》、《成為成功創作者的祕訣》等書籍，將所謂的成功心法整理得頭頭是道。

不過，在接觸這些書籍時，我希望大家能以「喔，還有這樣的方法啊」的態度，適當參考即可。如果不加以分辨，完全照搬書中建議，無法達成預期的目標不說，還可能適得其反。

韓國社會在各方面都充滿了不確定性，尤其是出版市場的未來走向更是難以預測。由於前路難料，就更不該輕信所謂「人人適用」的成功法則。

記得我還是新手作家時，也曾希望能一次解決腦海中縈繞不去的疑惑。

於是，我四處尋找那些簡明扼要的答案與方法，深信只要找到了，就能在作家之路邁出一大步。

問題是，每當我接近所謂的「正確答案」時，總會衍生出更多、更深的疑問。這種過程周而復始，永無止境。

怎麼說呢？就像被無數問題和答案交織成的莫比烏斯帶困住，既虛無又迷惘。

「是我的問題過於膚淺？還是我把錯誤的答案視為正確？又或是我只思索那些有明確答案的問題，才會得出如此拙劣的答案？」

自從被這些想法困擾後，我決定轉換思維。

我不再執著於那些有標準答案的問題，而是提出那些難以得到解答的問題。那些難解的問題，才能引導我在寫作之路不斷思考。

每當遇到那些聲稱掌握了成功祕訣的人，我總想問：

「你真的成功了嗎？還是因為尚未成功，才靠著宣傳所謂的成功祕訣來謀利？就算退一步說，我承認你已經成功，那麼你是否能立即重現自己的成功？能否反覆證明這樣的成功模式？如果能做到，我就承認你的祕訣有效！」

度過不算短暫的無名期後，我領悟到，想以寫作為生就必須找出屬於自己的路，而不是追隨其他作家的足跡。為此，偶爾需要離開人潮熙攘的大道，踏入人跡罕至的幽徑。這樣的道理並不限於寫作，也適用於人生。若渴望在人生的航道中比他人走得更遠，終究須乘上自己激起的浪濤，而不是追逐他人掀起的波浪。

希望

通常是光明的，但有時是黑暗的

「希望」真是個奇妙的東西。一旦在心中扎根就很難拔除，總是存在心裡，安撫我們絕望的心情。然而，希望真的像夜空中的星星那樣，永遠璀璨奪目嗎？儘管希望大多時候閃耀著明亮而美好的光芒，有時卻比絕望更陰暗、更危險。我們經常看到有人身處絕望卻還是緊緊抓住希望，保持微笑到最後，結果反而跌入更深的挫敗之中。正因如此，我無法斷言希望一定能撫慰人的痛苦。

欺騙

那些連自己都騙的人

在斑馬線前等待綠燈時，我注意到前方有人隨手將喝了一半的飲料扔在地上。走在後面的我，無意間聽到他們的對話。

其中一人四下張望後，問那個丟杯子的人：

「就這樣扔在這裡沒關係嗎？」

「有什麼關係？其他人更過分！」

過馬路時，「其他人更過分」這句話在我耳邊迴盪不去。

有些人在違反社會規範或犯錯的時候，非但不反省自己，反而會以他人更嚴重的過錯來開脫。

通過這種比較，他們壓抑了罪惡感，替自己找到擺脫的藉口，這種人當然不會遭受良心的譴責。

「和那個人相比，我根本不算什麼。對，我沒錯！」

真的是這樣嗎？這種態度無助於改正錯誤，還會讓人逃避真相、自欺欺人，近似於一種「自我欺騙」。

簡言之，自我欺騙就是不願意承認問題，任由自己掉入自我合理化的陷阱，刻意逃避真相。這種心態多半建立於盲目的信念上。陷入自我欺騙的人，即使擺在眼前的證據再明顯，也會選擇無視，並敵視提出證據之人。

改編自美國作家派翠西亞・海史密斯（Patricia Highsmith）小說的電影《天才雷普利》，就是講述自我欺騙如何巧妙構築出一個虛假的世界。

麥特．戴蒙（Matt Damon）飾演的主角雷普利，原本是一名平凡的飯店員工。一次偶然中，他穿著借來的普林斯頓大學夾克彈著鋼琴，引起了詹姆斯．瑞布霍恩（James Rebhorn）飾演的富商格林利亞夫的注意。格林利亞夫誤以為雷普利是兒子的校友，便拜託雷普利前往義大利，將在當地惹是生非的兒子迪基帶回家。雷普利爽快答應，並開始調查有關迪基的資訊。

雷普利見到裘德．洛（Jude Law）飾演的迪基後，假裝是他的大學同學，兩人逐漸成為摯友。不久，雷普利更與迪基的戀人建立起親密關係。他感覺自己彷彿真的成為上流社會的一員而欣喜若狂；但與此同時，也因自己所享受的生活和真實身分之間的巨大落差而感到混亂。

不過，混亂對雷普利來說只是暫時的，他已逐漸習慣自己的假身分，自然而然地扮演著。

迪基身邊的人開始懷疑起雷普利的真實身分。為了維持夢寐以求的生活，雷普利不惜編造更大的謊言，甚至犯下駭人聽聞的惡行。

隨著這部小說和電影的大受歡迎，「雷普利症候群」一詞也為人所知。這是一種反社會型人格障礙，指那些將自編的謊言視為真實，並習慣性撒謊和偽裝的行為模式。和一般擔心謊言被拆穿的騙子不同，雷普利症候群患者會完全相信自己編造的謊言。

在觀賞這部電影的時候，我腦中始終縈繞著一個想法：說不定我們心中都有一個雷普利。

我們時而欺人，時而自欺。明知某些事出了錯，當下卻選擇編織謊言，為的是撫平不安或逃避困擾身心的情境與感受。

但是，習慣性用謊言掩飾、逃避眼前的困境，不僅無法解決生活中的難題，反而會讓我們對謊言變得麻木。

到那時，我們將失去分辨真假的能力，與真實的自我漸行漸遠。

當「自我」逐漸淡去，由謊言構建的「他者」便會侵占心靈，取代原本屬於「自我」的位置。這種失去「自我」的生活，縱然軀體尚存，也稱不上是真正的活著。

收拾

照顧和關心自己的行為

走完人生旅程的人，不見得總是穩定前行，也不見得沒迷失過方向，他們只是不失去自我節奏。

——《心靈的主人》

前些日子，我路過合井站附近的書店，順便去了「The Key Coffee」，這家咖啡廳有適合筆電工作的靠窗座位。意外的是，我一進門就看到了我的書，看來咖啡廳老闆是我的讀者。

無論是在一般書店的架上還是咖啡廳的角落，一本書都很難長久占據。所以我欣慰地微笑，翻開那已泛黃的版權頁查看印刷日期。

就在那一刻，「堅持」這個動詞和我兒時的棒球選手夢，一同浮現在腦海。

小學時期的我曾短暫接觸過棒球，當時的我還立志以後能成為像柳賢振那樣的美國職棒選手。但實際上，我的球技相當拙劣，所以很快就放棄了職棒選手夢。

儘管如此，因為曾有過那樣的夢想，有陣子我迷上看電視轉播球賽。

「唉，我本來應該站在那個投手丘上的……」

不久前，一幕球賽轉播場景讓我陷入沉思。一位曾以長打著稱，如今卻輾轉於多支球隊的老將再次站上打擊區。

在上一輪的對決中，他被一名新人投手三振出局。今天的他似乎連好壞球都分辨不出，即使是投向正中央的直球，他也不敢果斷揮棒。

生命在不安時總會發出異於平常的聲音。

每當揮棒落空時，他都會發出「啊」的一聲吶喊。

在轉播賽擔任解說的前職業選手評論道：

「啊，看來他今天狀態欠佳，不只是身體狀況，心理狀態也不太好，揮棒時用力過猛。」

主播問：

「您當了那麼久的職業選手，遇到比賽不順時，您都怎麼調適呢？」

「這個嘛，我沒有特別的訣竅。在那些無論如何都不順的日子裡，我不會太過強求。那時的目標就只是堅持下去。」

生活中一定會遇上身心低潮的日子，在那種日子，我們大抵會有兩種選擇。

一種是硬撐著不讓人察覺異樣，強迫身體承受壓力；另一種是索性放棄，嘆氣抱怨「今天真不順」，什麼都不做。

兩者的後果都不容忽視。假如不顧身心狀態硬撐到底，身體可能會像過載的電路燒斷保險絲一樣徹底崩潰。而要是選擇自暴自棄，任由自己倒下，未來就需要花費比預期更多的時間和精力才能重新站起來。

難道就沒有其他選擇了？其實，比起執著於完美，適度調整目標，照顧好身心，追求一個不盡完美但也不算太差的目標，或許才是更聰明的做法。

在韓國社會裡，「堅持」常被看作是一種消極的生存方式，好像堅持的人只是勉強撐著，不讓自己被淘汰。

但這樣的看法並不公平。現在這個時代充滿不確定性，誰都無法預測未來會怎樣。懷抱「明天會更好」的信念堅持下去，撐過當下的困難，其意義遠超過單純的等待。

換個角度想，在堅持度過眼前困境的過程中，也代表自己正在整理疲憊的身心，同時也替未來做準備。

就算覺得寸步難行，只要沒有徹底崩潰，默默堅持下去就已經足夠，沒必要苛責自己。

光是咬牙撐過當下的難關本身，就已經賦予了生活足夠的意義。

關卡

從生活的這一邊到那一邊

學生時期，我有個朋友的綽號是「張・屈伏塔」——不是那位好萊塢明星約翰・屈伏塔（John Joseph Travolta）。那位朋友的成績一向名列前茅，但每到考試逼近，儘管身體並無不適，他總會抱肚子衝向廁所，還常常抱怨自己為了維持好成績得了考試恐懼症。

搞不好正是因為他把能力評估的考試，視為無論如何都必須跨過的重要關卡，才會給自己那麼大的壓力。

從某種角度來看，人生就是不停穿越大大小小的門。

人生中，我們不斷推開一扇又一扇的門。從生活的這一端走向另一端，穿過一扇門走入熟悉的地方；再穿過一扇門踏入陌生的環境。每次推門而入，我們或興奮雀躍，或忐忑不安。

一路走來，我也推開過各式各樣的門。有些門沉重到我打不開，有些門一旦打開就永遠關不上，還有些門年久失修，一推就開。

偶爾也會遇到根本沒有門的情況，而不知情的我卻執著地摸索根本不存在的門把。

每當遇到打不開的門，或遲遲未能意識到門根本不存在的時候，失望和沮喪就會悄然而至，因為看不見一絲希望。

我也曾在某些門前犯下令人啼笑皆非的錯誤，比如太過緊張而找不到入口，或還沒走到門前就精疲力竭了，因而轉不動門把。

面對人生形形色色的門，能夠常保平常心固然很好，但談何容易。

就像我那位朋友一樣，越是覺得非過不可的門，越容易讓人緊張得雙腿發軟、口乾舌燥。

若再加上「這次的考試或這道關卡將左右我的人生」這種想法，就更難擺脫沉重的壓力和緊張感。

重要的考試確實對人生有重大影響，這一點無可否認，但我們的人生真的會因為一次考試就被徹底定調嗎？事實並非如此，你我心知肚明。人生的道路看似獨立，實則相互交織。就算無法通過某一扇門，只要繞道而行，堅持前進，終將在某個轉角遇見另一扇門。

更重要的是，就算成功通過了一扇關鍵的門，也不代表能跳過中間的過程直達夢想。

面對任何一扇門都不必過於焦慮或緊張。因為人生中還有無數扇不同的門在等待我們。

死亡

囿於有限時間中的存在

摯愛的妻子先一步離開人世，獨自步入人生暮年的約翰，那天迎來了比平常更輕鬆的清晨，無論身體或心靈皆然。

他終生與大海為伴。這天他不顧惡劣天氣依然前往海邊捕蟹。出門前他習慣望向倉庫，那堆陪伴他飽經歲月洗禮的雜物，今日顯得格外寧靜。

在海邊漫步時，約翰巧遇老友彼得。兩人從小情同手足，還會替對方修剪頭髮。他與彼得寒暄一番後，便如往常般將漁具用力拋向大海。奇怪的是，漁具竟然沒有沉入水中，約翰感到不對勁。

稍晚怪事又發生了。約翰在街上遇見匆匆走過的女兒，驚喜地呼喊她，但女兒沒有認出他，與他擦肩而過。這究竟是怎麼一回事？

我讀了挪威作家庸・佛瑟（Jon Olav Fosse）的小說《晨與夜》（*Morgon og kveld*，暫譯）。在這部作品中，作者捨棄句號，以連綿不斷的逗號串接文字。沉靜的筆觸傳遞關於生與死的深刻訊息。

生命中有死亡，而死亡中也蘊藏著生命。死亡並非什麼驚天動地的大事，而是每個人必經的既平凡又自然的歷程。

讀完小說後，我不禁重新審視生活。如果要簡潔地濃縮生命歷程，或許可以將之比喻成：個體從黎明到黑夜所經歷的種種事件。

歲月匆匆，但我們不能被這飛快的速度局限，偶爾需要停下腳步，回望來時路。探討死亡主題的書籍和電影，經常能提供我們這樣的機會。

我一邊讀著佛瑟的文字，一邊重新梳理對生與死的思考。但思緒一旦過多，難免會滋生負面情緒。讀完《晨與夜》時，想到自己和摯愛之人終將面對死亡，一股恐懼感便油然而生。

我和每個人一樣都懼怕死亡。確切地說，是對死後未知的世界感到恐懼，而不是害怕死亡。

因此，那些分享「瀕死經驗」並奇蹟生還的故事總是特別吸引我，有些人的分享更充滿浪漫色彩：

「當我意識到自己要走到生命盡頭時，直覺告訴我，我所有的記憶都將留在這個世界。但不知為何，唯獨關於『愛』的記憶，我難以割捨。」

乍聽之下，這些話似乎很有道理。他們的故事並不荒謬。說到底，人不就是這樣嗎？直到生命最後一刻都在努力愛著某個人或某件事。

疑問自然而然地浮現在我心頭：為什麼偏偏是「愛」？為何直到生命盡頭，我們還在渴望愛？為什麼在臨終前，都還放不下對某人的愛？

人被困在有限的時間裡。
從某種意義上說，人生不過是一個短暫事件。
每個人都在這片名為地球的生命之海中，
游向名為死亡的陸地，
只是各自速度的快慢差異而已。

面對死亡，人類無力抗拒，

對死亡也一無所知。
只是大致接受了：
死亡是一切終將歸於虛無，
靈魂將與肉體分離的事實。
至於死後世界究竟有什麼，無人知曉。
未知讓人恐懼，
而無知悄然滋養了恐懼。

也許我們之所以渴望愛人或被愛，是為了減輕死亡帶來的孤寂與恐懼。

是的，唯有愛才能消弭生命有限性造成的虛無與恐懼。

在歲月侵蝕下逐漸變得殘破的身心，唯一能全然依靠的避風港就是愛。

假如我們在衰老後仍能任意重生，假如我們能以某種方式將生命永恆延續，那麼我們在日常中就不會想到「死亡」，也不會執著於抓住「愛」來度過此生。

由此看來，愛並非始於生命或新生的產物，而是死亡與消逝的產物。

國家圖書館出版品預行編目資料

那些接住你的，不被生活擊倒的詞彙：61個解憂之語，找回平靜，活出更安然的自己／李起周著；黃莞婷譯. -- 初版. -- 臺北市：日月文化出版股份有限公司，2025.08
288面；14.7×21公分. --（大好時光；97）
譯自：보편의 단어
ISBN 978-626-7641-82-8（平裝）
1. 人生哲學 2. 自我實現
191.9　　114007972

大好時光 97

那些接住你的，不被生活擊倒的詞彙

61個解憂之語，找回平靜，活出更安然的自己

보편의 단어

作　　者：李起周（이기주）
譯　　者：黃莞婷
主　　編：藍雅萍
校　　對：藍雅萍、張靖荷
封面設計：蕭旭芳
美術設計：林佩樺

發 行 人：洪祺祥
副總經理：洪偉傑
副總編輯：謝美玲
法律顧問：建大法律事務所
財務顧問：高威會計師事務所
出　　版：日月文化出版股份有限公司
製　　作：大好書屋
地　　址：台北市信義路三段151號8樓
電　　話：（02）2708-5509　傳　　真：（02）2708-6157
客服信箱：service@heliopolis.com.tw
網　　址：www.heliopolis.com.tw
郵撥帳號：19716071 日月文化出版股份有限公司

總 經 銷：聯合發行股份有限公司
電　　話：（02）2917-8022　傳　　真：（02）2915-7212
印　　刷：軒承彩色印刷製版股份有限公司
初　　版：2025年08月
定　　價：380元
I S B N：978-626-7641-82-8

生命，因**閱讀**而**大好**